Sophie 할매
방랑 일기

Sophie 할매 방랑 일기

초판 1쇄 발행 2025년 6월 2일

지은이 남경희
펴낸이 장길수
펴낸곳 지식과감성⁺
출판등록 제2012-000081호

교정 이주연
디자인 이현, 김희영
편집 김희영
검수 정은솔, 정윤솔
마케팅 김윤길

주소 서울시 금천구 벚꽃로298 대륭포스트타워6차 1212호
전화 070-4651-3730~4
팩스 070-4325-7006
이메일 ksbookup@naver.com
홈페이지 www.knsbookup.com

ISBN 979-11-392-2625-6(03810)
값 15,000원

- 이 책의 판권은 지은이에게 있습니다.
- 이 책 내용의 전부 또는 일부를 재사용하려면 반드시 지은이의 서면 동의를 받아야 합니다.
- 잘못된 책은 구입하신 곳에서 바꾸어 드립니다.

지식과감성⁺
홈페이지 바로가기

나는 놀기만 하기엔 너무 늙었고
소망 없이 지내기엔 너무 젊단 말이야
- 《파우스트》 중에서 -

Sophie 할매
방랑 일기

남경희 지음

차례

I. 엑서터 일기(영국 어학연수)

엑서터 원정대	8
어학원에서 근근이 살아남기	14
근거 없는 자신감의 시대	50
엑서터와 헤어질 준비	80

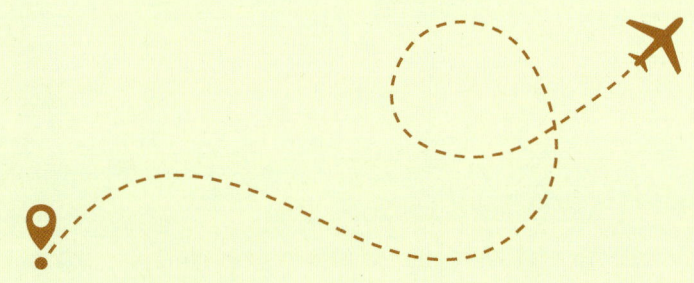

Ⅱ. 파리지앵으로 살아 보기(파리 석 달 살기)

무작정 떠나기	102
프랑스 기차 여행 1	126
• 남프랑스 – 지중해 연안	126
• 남프랑스 – 아비뇽 주변	143
• 노르망디	159
• 파리에서 당일치기	163
• 알자스 와인 가도– 스트라스부르, 콜마르	183
• 벨기에	210
• 루앙	221
아일랜드 여행	224
프랑스 기차 여행 2	240
• 안시	240
• 생말로	243
• 샤르트르	248
• 아미엥	251
마치면서	257

Ⅰ. 엑서터 일기(영국 어학연수)

엑서터 원정대

어학원에서 근근이 살아남기

근거없는 자신감의 시대

엑서터와 헤어질 준비

엑서터 원정대

▶ **3월 7일 60세가 되는 생일이다**

한 세대도 아니고 두 세대나 지나가니, 나이가 심란하다.
지난해 12월 말에 런던행 비행기표를 덜컥 예매했다.

올해 4월 3일 병원에 가서 위암 수술 5년 차 검진을 받아야 한다.
암이 새로 전이되었다고 하면 영국 갔다 와서 치료를 시작할 것이고,
문제없다 하면 룰루랄라 다녀올 요량으로 4월 6일 출발하는 비행 편으로
무작정 예매부터 해 버렸다.
울다가 죽기에는 남은 생이 길지 않으니 이판사판이다.

그리고 지난달, 엑서터 어학원에 등록했다.
눈먼 새도 돌아보지 않을 이 나이에 영어도 안 되는데 누가 나랑 놀아 주겠나.
그래서 나는 유치원에 가기로 했다.

어학원이 나의 유치원이다. 공부? 까짓것 대충 하면 되지!
그래서 엑서터 가는 여정의 서막이 올랐다.

막상, 떠날 날이 다가오니 잠이 안 온다.
Exeter.
일단 이름이 이유 없이 마음에 들고
오래된 도시, 고풍스러운 분위기의 도시라는 유학원 홈페이지에 실린 설명이 마음에 들어서 정한 동네.
어찌 되었건 확실한 한 가지.
지금 취소하면, 죽을 때 후회할 거다.

▶ **4월 7일 런던 패딩턴**

새벽이다.
어제저녁, 히드로 공항에 도착했고, 어마어마한 숫자의 입국자들 때문에 무려 두 시간을 입국 심사장에서 기다리고, 우여곡절 끝에 Heathrow express를 타고 패딩턴역에 도착했다.
역사 뒤편을 돌아 나오니, 내가 좋아하는 곰돌이 패딩턴이 딱! 서 있다.
너로구나! 너 여기 있었구나!
비행기 타고 오는 것조차 자신이 없는 나는, 나를 영국까지 배송할 팀을 급조했다.
이름하여 엑서터 원정단.
딸 유진, 동생 숑가맘, 작은올케 주현맘 이렇게 세 명이 나를 엑서터에 데려다주려고 구성된 엑서터 원정단이다.

그들은 나를 엑서터 하숙집에 데려다 놓고 파리 여행을 한 후, 귀국하기로 되어 있다.
나의 협박과 통사정 그리고 나에 대한 걱정과 약간의 호기심으로 그들은 괜한 길을 나섰다.
어쨌거나 고맙고 든든하다.
설렘으로 시작하고 불안해하면서도 새로운 창문이 열리는 거라는 기대가 있었는데 막상 혼자 남을 시간이 다가오니 이제야 '내가 무슨 일을 한 거야!' 내 머리를 쥐어뜯는다.
늘 그렇게 무모하게 살아온 버릇 때문이라고 자책하면서.

▶ **4월 8일 엑서터 도착**

어제 런던 패딩턴역을 출발해서 엑서터 세인트 데이비스역에 도착했다. 인터넷으로 런던발 엑서터행 기차표를 예매할 때, 아무리 봐도 좌석 배정 입력란이 없었다. 어쩐지 불길한 마음이 들어 한 시간이나 일찍 패딩턴역에 가서 Information에 문의했더니 F 칸 빈자리에 타면 된단다.

쉽게 가면 추억이 모자랄까 봐 기차는 Delay되었고, 엑서터행 기차는 그 많은 플랫폼 중에서도 제일 붐비는 1번에서 타라고 전광판에 떴다. 그리고 보딩이 시작되자 대합실에서 웅성거리던 대부분의 사람들이 1번 플랫폼을 향해 돌진! 우리도 F 칸을 찾아 거의 뛰듯이 캐리어를 밀고 갔으나 L 지나고 K 지나 F 없이 바로 E, D, C 칸.

이게 뭔 상황? 혼비백산한 우리는 인포 직원을 마구 욕하며 무작정 B 칸에 올라탔다. 발 디딜 틈도 없는 열차 계단에서 무거운 캐리어 때문에 굴러떨어질 뻔하며 올라갔다. 그렇게 혼잡한 기차는 머리털 나고 처음이다. 마치 서울의 출퇴근 시간 지하철 같다.

기차는 출발하고, 앞뒤로 붙은 빈 좌석에 무조건 우리 넷이 앉았다.

의자 등받이에는 모두 Reserved라는 팻말이 꽂혀 있었다.

숨을 돌리고 팻말을 찬찬히 읽어 보니 송가맘과 주현맘은 '패딩턴에서 출발, 엑서터까지'라고 되어 있었다. 그녀들의 느긋한 표정! 유진이와 나는 '아무도 도중에 타지 마라!' 주문을 외웠으나 엑서터 도착을 20분 정도 남겨 놓고 유진이는 어떤 청년에게 자리를 내주었다.

난 아직도 왜 좌석 배정이 안 되었는지, 빈자리에 예약 팻말은 왜 꽂혔는지 모르겠다.

엑서터 세인트 데이비스역에서 원정단이 묵을 호텔까지는 도보로 9분이라고 구글이 말한다.

우리 영국 원정단은 남들 보기에는 인적 구성이 이상하지만, 우리 나름대로는 친밀도가 높기도 하고 어쨌거나 결의에 차서 나를 엑서터 하숙집에 데려다 놓을 것이니 그나마 마음이 놓였다.

5개나 되는 캐리어를 들고 택시에 타자마자 내리기보다는, 가까운 거리라고 하니 걸어가기로 했다.

원정대답게 일렬로 군장을 밀며 행진! 행진! 언덕을 올라갔다.

9분이 지나고 20분이 지나 50분이 되도록 호텔은 나타나지 않았다.

호텔이 보이지 않는다.

길을 잘못 들었다.

얘들아, 미안하다! 4차원 인간을 가족으로 두면 인생이 본의 아니게 힘들어진단다!

엑서터는 야산에 조성된 도시 같다.

캐리어를 언덕 아래로 밀어 버리고 싶은 충동이 스멀스멀 올라올 즈음 호텔이 나타났다. 원정대가 체크인하고 방 안에 그네들 짐만 두고 바로 내려와 나의 숙소를 찾아 택시를 탔다.

달랑 5분!

짐 내리고 주인 할매와 간단한 인사를 나누고 저녁 먹으러 걸어 내려왔다. 어둡기 전에 먹고 가야 한다고 들어간 곳이 써브웨이. 그 익숙한 맛 시키는데 말도 많아라! 나는 모든 걸 유진이에게 일임하고 의자에 널브러졌다. 젊은 주현맘이랑 숑가맘은 토핑 고른다고 따라가고.

샌드위치 한 입 먹고는 하숙집으로 돌아와서 주인 할매와 다시 인사를 하고 짐 정리를 대충 한 뒤 기절하듯 침대에 쓰러졌다.

▶ 4월 10일 한국 목욕탕이 벌써 그립다

평생을 새벽에 눈뜬 기억이 없어 별명으로라도 새벽이 보고 싶었던 새벽 요정님, 오늘도 새벽에 눈떴다!

새소리가 들린다.

무악재 집, 여주 집, 옻골 집, 오래 살았던 둔촌동 아파트에서도 새소리는 들렸을 텐데 잠자는 새벽 요정님은 그 소리를 들어 본 기억이 없다.

이곳은 비 내리고 비 내리고 또 비가 온다.

어제 시내와 가까운 호텔에 머문 엑서터 원정단은 느긋한 아침을 즐기고 점심시간 딱 맞춰 늙은 유학생 보러 아카데미에 왔다.

마치 유치원 처음 간 아이가 어찌 지내나 보러 오는 것처럼. 참으로 고마운 일이다. 수업 마칠 때까지 기다려 준 그들과 호텔로 가서 침대에 쓰러졌다. 종일 어찌나 긴장했던지 손가락 하나 들 기운이 없었다.

어두워지기 전에 나갔다 온다고 넷이서 비 오는 길을 나서서 엑서터 성당을 둘러보고 시내 레스토랑에서 저녁을 먹기로 하였다.

엑서터 성당은 정말 멋지다. 맑은 날 다시 와야겠다.

음식점 찾아 헤매다가 결국엔 중국집으로 들어갔다. 남들이 시켜 먹는 훠궈는 소통 부족으로 패스하고, 만만한 우동이랑 마파두부, 볶음밥 그리고 된장소스라는 설명에 유혹되어 국적 불명 이상한 음식 하나를 주문했다. 뜨끈뜨끈한 한국 목욕탕 타령을 했더니 주현맘이 자기네 호텔에 가서 샤워하고 가란다. 물이 따뜻하다고. 얼굴도 이쁜이가 마음도 고와라.

전기와 물을 아끼는 영국 가정집을 체험하니 우리가 얼마나 풍요로운지 알겠다.

유진이가 불러 준 택시 타고 5분도 안 걸려 숙소에 왔다.

택시비는 기본 2파운드에서 시작하며 그 짧은 거리에 6파운드가 나왔다. 9,000원 상당의 돈을 내고도 마치 600원 준 기분이다. 우리나라 50원짜리 크기 정도 되는 1파운드 동전을 내서 그런가?

원정대가 돌아가면 혼자 어쩌나! 지금쯤 그들은 출발 준비를 마쳤겠지? 오늘 판크로스역에서 유로스타 타고 파리로 간다고 하던데.

어학원에서 근근이 살아남기

▶ **4월 11일 달팽이처럼 발전하다**

아침에 배도 아프고 피곤하여 마구 땡땡이치고 싶은 101가지 이유를 누르고 아카데미에 갔더니 교장 선생님이 나를 불러, 듣기말하기반을 옮겨 볼 생각이 없냐고 묻는다. 내 실력이 올라갈 만하단다. 나는 아주 조금, 한 단계만 올려 주면 좋겠다고 했다. 그 정도는 감당할 거 같았다. 기쁜 일이다. 그동안 도대체 영어가 들리지 않아 내 귀는 귓구멍도 아니고 그냥 구녕이라고 한탄했었는데.

10년 전, 광화문에 있는 영국문화원에 처음 갔을 때보다는 실력이 조금 늘었나 보다.

25년을 워킹맘으로 살면서 스트레스와 노동이 너무 힘들어 거의 죽을 것 같았다. 그때 마침 명예퇴직 공고가 떴길래, 남편과 상의하고 이틀 만에 결정하여 다음 해 2월부터 집에 있었다. 삶에 지치니 친구들의 만류와 학생들, 동료 교사들의 안타까운 표정들이 아무것도 눈에 들어오지 않았었다.

막상 직장을 그만두고 정신을 차려 보니 우리 아이들은 이미 자라서 내 손이 거의 필요하지 않고, 친한 이들은 모두 직장에 갔다. 바쁨을 핑계로 이웃도 모르고 살았는데 한순간에 할 일이 없어졌다. 집에만 있으면 우울증이 올 수 있으니 출근하듯이 나가는 곳이 있어야 한다고 남편이 권해서 집 근처에 있던 영국문화원에 갔었다.

그때도 읽기, 쓰기는 어느 정도 되지만 말하기 듣기가 안 되는데 눈치는 빨라서 시험을 보면 반이 자꾸 올라갔다. 최상위 반까지 가니 도저히 감당이 안 되어 그만두었다.

그 후 분당으로 이사 가서는 SDA를 다녔는데 거기서도 또 반은 자꾸 올라가는데 실력은 없어 그만두었다. 그러다가 집안에 일이 생기고 내가 병이 나는 바람에 몇 년을 손 놓고 있다가 방송통신대 영문과에 편입했다. 한 학기에 딱 두 과목씩만 들었는데 이런저런 것이 모여 도움이 되었나 보다. 작은 발전에 감동이 밀려온다.

3시에 수업 마치고 파김치가 되어 돌아오는 길.

비 그친 하늘은 블루 앤 그레이, 싸늘한 바람이 분다.

고교 시절 내가 제일 좋아하던, 친구들은 음산하다며 지청구를 주던 날씨!

나는 왜 이 길을 걷고 있나?

더 이상 "I can't speak English."라고 말하고 싶지 않다고,
몇 년을 더 살지는 모르지만 무언가를 추구하며 살고 싶다고,
그래서 이 적막함과 불편함 그리고 뻘쭘함을 견디고 있다.

▶4월 12일 혼자 먹는 점심

Grammer와 Reading writing 두 Class를 마치고 점심시간이다. 다이안 할매가 싸 준 도시락을 꺼내 혼자 앉았다. 남들은 삼삼오오 둘러앉아 열심히 이야기하는데 나는 말하기도 듣기도 다 힘들어 그냥 아무 노력도 하지 않았다. 버튼 잘못 눌러 밀크티 대신 나온 씁쓸한 티를 앞에 두고 빵을 꼭꼭 씹어 넘겼다. 잘해야 할 의무도 없고, 못 알아들어도 60년 살아온 내공으로 쳐다만 봐도 네가 무슨 말 하려는지 척 알고, 어지간한 왕따쯤이야 아무렇지도 않은 나조차도 혼자 먹는 점심이 남 보기에 처량할까 봐 전전긍긍하는데, 예민한 어린애들은 얼마나 힘들까. 얼굴도 모르는 그 많은 조기 유학생들 생각에 가슴이 저린다.
그렇다. 남의 일은 다 쉬워 보인다.
눈물 젖은 빵을 먹어 보지 않은 자, 인생을 논하지 말라는 게 비단, 가난만의 이야기가 아닌 게다.

▶4월 13일 Lifes go on

오늘 다이안이 한 말이다. 어제는 다이안 딸의 장례식이 있었다. 다이안이 1940년생이니 그 딸은 아마도 내 또래일 것이다. 오랫동안 이 집에서 지내 온 지안과 며칠 전까지 지금의 내 방을 썼던 고토에, 둘이서 장례식에 갔다 왔단다. 장례식은 오후에 있었고 끝나면 참석자들에게 저녁을 대

접한다고 한다.

얼마나 상심할까!

그래도 다이안은 거의 내색하지 않으며 우리 도시락도 싸 주고 저녁 준비도 해 줬다.

다이안은 아는 척하기도 어렵게 의연하기에, 지안에게 물어보았다. 내가 그녀 딸의 죽음을 언급해도 되는지를. 알아서 하라고 한다. 지안도 영국인이 되어 가나 보다.

어젯밤엔 피곤해서 쓰러져 자느라 다이안을 못 보았다가, 오늘 아카데미에 갔다 오니 다이안이 맞이해 줬다.

"I am so sorry! How deeply sad you are!"

표현이 정확한지 어쩐지는 자신 없지만, 자식을 잃은 어머니를 어쨌거나 위로해야겠기에, 달리 더 할 말도 없고 할 수도 없어 그냥 허그를 했다. 그랬더니 다이안이 말했다.

"Lifes go on."

그렇지. 어찌 되었건 삶은 이어져야 하겠지.

저녁때 죽은 딸의 아들, 즉 다이안의 외손자가 잠시 왔다 갔다. 자주 전화하고, 자주 온단다. 할머니 힘드실까 봐.

착한 마음씨는 동서고금이 다르지 않은 거 같다.

▶4월 15일 주말 소풍 Excursion

아카데미에서 주말에 Totnes로 일일 여행 간다고 게시판에 붙였기에 당연히 가야 하는 줄 알고 나도 이름을 올렸다. 홈메이트 지안도 간단다. 그녀는 우리 아카데미에서도 밝고 똑똑하기로 유명하다. 내가 그녀에게 자주 하는 말, "You are my treasure in Exeter!" 전날 저녁까지 여러 가지 준비물을 챙기고 한국에서부터 애지중지 안고 온 디카도 완전히 충전하였다.

그런데 아침에 일어나니 온 동네가 안개로 자욱하고 배가 살살 아팠다. 한국 같으면 이런 날씨는 거의 해가 쨍하게 맑아지는데, 이 동네는 믿을 수가 없다. 만약 비가 오면 나는 무거운 카메라를 모가지에 걸고 고문을 당해야 한다. 게다가 평생에 변비라고는 모르고 오히려 설사로 전전긍긍한 적이 많았던 내가, 다이안의 집 변기 물 내리는 손잡이 때문에 화장실 볼일 보는 데 노이로제 걸릴 지경이다. 엑서터 첫 새벽에도, 병아리 눈물만큼씩 내려가는 물을 해결하느라 변기 뒤의 뚜껑도 열어 보고 별별 고심을 하다가, 도저히 안 되어 쓰레기통을 비우고는 거기에 물 받아서 변기로 직접 물을 들이부었건만 물만 내려가고 정작 내려가야 할 놈들은 버팅기고 있었다. 거의 돌아 버릴 지경으로 악전고투하는데 다이안이 와서 해결해 줬다. 남의 나라 첫 새벽 5시에 파란 눈 할머니의 잠을 깨워, 거시기를 해결하리라고 꿈엔들 상상해 보았겠나! 내 손이 곰손이다 보니 아직도 변기 손잡이랑 친해지지 못했다. 그래서 전날 밤 쓰다듬던 카메라를 포기하고 길을 나섰다.

유감스럽게도 비는 오지 않았고 Totnes는 무척 멋져서 사방이 찍으면 그냥 화보였다. 특히나 Dartington 이라는 곳은 거의 왕의 정원에 버금가는 옛 부자의 정원으로 영국식 정원을 그대로 보여 주고 있었다! 그 멋진 저택을 지금은 호텔로도 쓰고 예식장으로도 쓰고 있다.

가고 오는 기차 안에서 젊은이들이 나랑 합석하는 것을 꺼리지 않을까 염

려했었는데 다행히 아카데미 학생들이 친절해서 그런 내색은 없었다. 여기 온 목적이 영어 공부하러 온 거라 그런지 말도 잘 걸어 주고 나의 버벅거리는 말에도 귀 기울여 줘서 고마웠다. 그러나 대화할 때 단어가 떠오르지 않아 환장할 지경이었다. 돌아서 생각하면 아무것도 아닌 말이, 말하는 도중에는 도통 떠오르지 않았다. 한국에서 영국의 어학원을 신청할 때 주로 성인 학생들 많은 곳으로, 홈스테이는 어린이 없는 집으로 신청했더니 이곳 엑서터 아카데미와 호스트 훼미리가 딱 그런 곳이란다. 평균 연령이 30대 초중반으로 짐작되지만 그래도 아직 어린 티를 못 벗은 대학생들도 몇몇 있었다. 어제도 날씨를 잘못 예측하여 예쁜 옷을 입고 와서 추위에 떠는 일본 여학생을 보고는 조금이라도 덜 춥도록 머플러를 다시 묶어 주니 엄마 같다고 좋아한다. 가슴이 짠하다. 좋아서 왔건, 필요해서 왔건, 힘든 건 힘든 거고 그리운 건 역시 그리운 거다. 돌아오는 길에 파김치가 되어 지안이랑 코토에 택시 타고 왔다. 택시비를 같이 내겠다는 걸 내가 다 내었다. 나 혼자라도 택시 타고 왔을 테니.

내가 없었으면 그들은 걸어왔을 것이다. 늙은 유학생은 힘들다!

Darton이라는 동네, 옛날 부자의 개인 정원

▶ 4월 18일 Cream tea

지난번 코츠월드에 갔을 때, 크림티랑 빵을 파는 가게가 몇 있었다. 손님들이 복닥복닥한 빵집에 갔는데 도대체 뭐가 뭔지 몰라 커피랑 익숙한 빵만 몇 개 샀었다. 자유여행을 다니다 보면 몰라서도 많이 굶는다.

지난 주말 Totnes에 갔을 때 Mini가 엑서터에 크림티 잘하는 집이 있다고 했고 한번 같이 가 보기로 했는데 그날이 바로 오늘이 되었다. 이러저러하게 엮어져 젊은 친구들 몇 명과 같이 갔다. 특히 Mini나 지안은 아까운 시간을 내어 안내자로서 가 준 셈이라 오늘은 내가 내고 싶었다. 어쭙잖은 돈 자랑처럼 보일까 조심스럽기도 해서 the first, the last로 오늘은 내가 계산하게 해 달라고 했다.

그들 중엔 한국 젊은이가 많아 우리 집 아이들 같기도 했다. 여기서는 한국인끼리도 영어로 얘기한다. 오랜만에 햇빛을 보는 Shiny한 오후에 엑서터 성당이 내려다보이는 찻집에 앉아 모처럼 한가롭고 즐거운 시간이었다. 우리 아들처럼 눈매가 선한 Y가 Peaceful하다고 했다. 나도 여기 와서 처음 느껴 보는 느긋한 오후였.

달팽이는 가시나무에, 하느님은 하늘에 계신다는 브라우닝의 시구가 생각나는 애프터눈 티타임이었다.

사족: 스콘은 정말 일품이었다!

크림티는 Wales tea라고도 하는데 Tea or Coffee에 스콘 두 개, 필라델피아 치즈처럼 보이는데 치즈가 아닌 크림인 Clotted cream과 Jam이 한 세트이다. 데본 스타일은 스콘에 크림 먼저 바르고 잼, 콘월 스타일은 잼 먼저 바르고 그 위에 크림이란다. 진짜인지 농담인지. 어쨌거나 크림이 Tea 위에 동동 뜨는 게 아니다.

▶ 4월 20일 **Red coat tour**

레드코트 투어가 있다고, 엑서터 시내를 돌아본다고 해서 신청했다.
지난주 Totnes에 하루 따라갔다가 어찌나 피곤하던지 주말 Excursion 은 두 번 다시 가지 않으리라 작심했었는데, 금요일 오후, 엑서터 시내만 돈다고 하기에 팔랑귀가 되어 따라나섰다.
나의 보물 1호 니콘 디카를 매고 마치 사진작가라도 되는 양 길을 떠났 다. 역시나 젊은이들은 카메라에 관심을 표한다. 비싸 보인다고도 하고 그럴듯해 보인다고도 했다.
시간 많고 돈 많아서 놀러만 다니면 되는 아줌마라고 생각하는 듯했다.
예전에 직장 동료가 자신의 카톡 프로필에 올린 글귀가 생각난다. 인생은 멀리서 보면 희극, 가까이서 보면 비극이라고.
누군들 숨겨 둔 사연 한 자락 없이 긴 세월 살아왔겠는가!
주저리주저리 말이 길어 봐야 본전도 못 건질 일이고, 그냥 그렇게 보여 도 어쩔 수 없는 거지.

그래서 사는 방식이 중요하지 돈 문제만은 아니라고 했다.

빨간 재킷을 입은 노신사가 해설사로 나오셨다.
엑서터의 역사와 명소를 설명해 주셨고 걸어가면서 중요 포인트를 짚어 주셔서 이 동네를 이해하는 데 도움이 많이 되었다.
2,000년 전 로마에 의해 건설된 엑서터는 17세기 이후 엑스강을 끼고 바다와도 가까워서 무역으로 돈을 벌었고, 그 이후 수산, 건축, 금융 등등으로 돈을 많이 벌어 아주 잘사는 동네였단다. 보기에도 동네 모양이 있는 태가 팍팍 났다.
전에 바스에 갔을 때 가이드가 말하길, 굴뚝 많은 집, 창문 많은 집이 부잣집이었다고 하던데 이 동네 집들이 그러했다. 건물 양식은 빅토리아식이 많은데 2차 대전 중에 시내는 폭격으로 거의 다 부서졌단다. 다행히 엑서터 성당은 무사했다.
그리고 《해리 포터》 저자 조앤 롤링이 엑서터대학교 출신이라 그런지 《해리 포터》 책과 영화에서 표현된 영국 마을과 유사한 점이 아주 많았다. 특히나 《해리 포터》 영화에서 지붕 위에 흰 새들이 앉아 있는 장면이 인상적이었는데 여기 갈매기들이 딱 그 모습이다. 아침에 아카데미 갈 때도, 낮에 돌아올 때도 고요한 마을 지붕 위에 통통한 흰 새들이 무심한 듯 앉아 있다. 《해리 포터》 영화 느낌 그대로.
나는 《해리 포터》 영화 전 시리즈를 몇 번이나 보았다. 특히 1편, 벽을 뚫고 들어가니 호그와트행 기차가 나타나는 장면이 너무 인상적이어서 영화관에서 나오자마자 비디오테이프를 사서 그해 겨울 방학 동안 스무 번쯤 본 거 같다.

그리고 이렇게 집들이 즐비한데 적막할 정도로 동네가 조용한 것도 신기하다.

투어가 끝나고 강가 카페에 앉아 모두 시원한 맥주나 스무디를 먹는데 나는 얼그레이를 시켰다. 한때는 시원한 스타우트를 아주 좋아한 적도 있었지만, 지금은 술이나 차가운 아이스크림은 한 모금, 한 입이 정량이다. 위암 수술 이후 찬 것과 알코올에 예민해져서 그렇다. 본의 아니게 조신해졌는데 젊은이들 보기엔 늙은 아줌마라서 그러려니 하는 것 같았.

그들은 아이스크림 가게로 2차 하러 가는데 나랑 유사한 연식의 Face를 가진 다른 한 분이랑은 먼저 일어서기로 했다. 피곤도 하고 젊은이들에 대한 예의로(예전에 권한다고 끝까지 남는 직장 상사들을 곱잖게 본 전력도 있고).

집으로 돌아오는 길에 택시 타기는 돈이 아깝고 버스 타기엔 기사님한테 물어볼 일이 아득해서 40분이 넘는 길을 걸어왔다. 말 못 하고 잘 몰라서 자신이 없는 게 얼마나 사람을 위축시키는지.

죽을 때까지 배워야 한다.

▶ **4월 21일 Exeter Catholic church**

오늘은 일요일!

지안이 교회에 간다기에 나도 성당 간다고 따라나섰다. 여기 엑서터 대성당은 영국 국교회 성당이다. 로마 가톨릭 성당은 엑서터 대성당보다 좀 더 강가 쪽으로 아래에 있다. 지난 금요일 레드코트 투어 할 때 위치를 확인해 두었었다.

대학 1학년 때 모태 신앙인 친구 모니카를 따라서 놀기 삼아 캠퍼스 미사에 참여하고, 가톨릭 학생회 친구들과 친하게 지냈어도 나의 신앙심은 1cm도 자라지 않더니 살다가 어느 순간에 문득 성당에 가야겠다는 마음을 먹게 되었다.

그러나 교리 공부하는 긴 시간이 끊임없이 유혹을 견디기엔 자신이 없어 선뜻 행동으로 옮기기 쉽지 않았다. 특히나 나처럼 의심 많고 자기를 열지 못하는 사람에게는.

퇴직하고 이사 갔더니 집 앞에 성당이 있었고, 존경하던 직장 선배가 이웃으로 살고 계셨다.

저도 성당에 다닐까 해요.

그분은 무척 기뻐하셨다. 가톨릭 신자의 모범을 보이는 분이셨다. 어물어물 세월을 보내던 중에 그 선배님이 갑자기 세상을 떠나셨다. 뇌에 악성 종양이 생겨 3개월 만에 하느님 품으로 가셨다. 시신을 대학병원에 기증하시고.

그 겨울을 많이 울면서 보냈다. 지금도 그분을 생각하면 눈물이 난다.

이듬해 봄, 교리 공부를 시작하고 늦가을에 모니카가 대모가 되어 영세를 받았다. 종잇장보다 얇은 신앙심이 세례받았다고 달라지나. 이러저러한 핑계도 많아 미사도 잘 못 갔지만 그래도 마음 한편에 늘 떠오르는 느낌, 그분은 아시겠지!

알아주기를 바라는 특정한 사항도 없는데 왠지 그런 마음이 들고 그 마음으로 위로를 받는다.

오늘 성당에 혼자 앉아 있으니 눈물이 났다.

운명인지 성격인지 먼 나라 남의 나라를 혼자, 이유도 없이 와서 떠도는데 이 자리에 앉아, 나도 모르는 나를 당신은 알아주시기를 바라다니.

민들레 홀씨처럼 이 자리에 앉아서 위로받게 해 주심을 감사드립니다.
이렇게 예비해 주심을 감사드립니다.
그리고 나를 응원해 주신 가족, 친지, 친구, 주변 모두에게 감사드립니다.

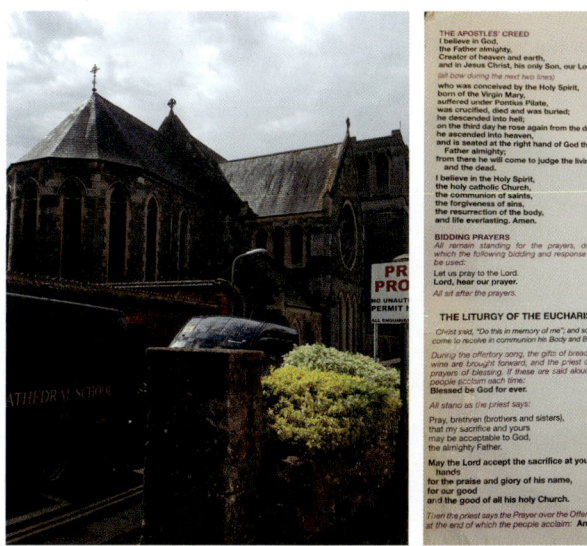

▶ **4월 23일 새 친구**

다음 주가 지나면 그린란드에서 온 Sara가 고향으로 돌아간다고 한다. 새들은 같은 깃털을 알아본다고 했던가. 사람도 그냥 끼리끼리를 아는 것 같다.

지난번 Totnes로 여행 갔을 때 우연히 같이 다니게 되었는데 외모도 좀 아시안의 느낌이 있고 어쩐지 여러 면에서 정서가 맞는 것 같았다. 피차 어눌한 영어로 이야기하느라 자세한 속내는 알 수 없으나 국가 지원으로 공부를 하러 온 직장인이라 하고 맑은 눈매에 총기가 있었다.

나이 먹어서 좋은 점은, 척 보면 그냥 좀 안다는 거.

몇 달 전에, "나이 드니까 그냥 뭘 좀 알아. 귀신같이. 어떨 때는 본능에 맡겨도 오히려 일이 잘 흘러갈 때도 있고."라고 했더니 팔순 노모가 "그래, 귀신 되다가 나중엔 등신 된다."라고 하셨다. 똑똑한 할마시!

Sara와 크게 친하지는 않았지만 떠난다고 하니 많이 서운하여 둘이서 수업 마치고 시내(City center)로 크림티를 마시러 가기로 했다. 엑서터로 온 지 2주가 지났다고 여유가 생겼나 보다. 지난번 Mini 일행과 같이 갔던 그 집에 가서 내가 차를 샀다. 크림티는 기본 공식이 스콘 두 개, 잼, 크림이 딸려 나오는 거라서 크림티(Wales tea라고도 함) 하나, Japan Jamaica rice tea 하나를 시켰다. Rice tea는 보나 마나 녹차랑 현미 비슷한 것이 섞였겠군 싶었지만 Sara가 궁금해하니 그대로 주문했다.

풀 먹인 듯 빳빳하고 긴 속눈썹을 한 상냥한 아가씨가 주문을 받으며 뭐라 뭐라 했는데 나는 못 알아들었다. 그리고 역시나 녹차와 쌀 알갱이 섞인 차가 나왔다. 영국의 찻집에서 그린란드 친구와 느릿느릿 여러 가지 이야기를 했다. 영, 미인 빼고는 세계인이 영어로 통한다더니!

돌아오는 길에 상점에 들러 필요한 거 몇 가지 사고 밖으로 나와서는 스스로 대견하여 내 머리를 쓰담쓰담하려는 순간, 갑자기 머릿속이 하얘지면서 모든 길이 낯설어졌다. 이미 Sara는 갔는데. 망연히 서서 주변을 둘러보는데 아는 목소리들이 나를 불렀다. 같은 아카데미 학생들이다.

그들의 도움을 받아 간신히 길을 찾아갔다. 치매인가? 더럭 의심이 든다. 나이가 좀 더 들어 정말 정신줄을 놓으면 어쩌나?

▶ 4월 25일 **늑대와 개의 시간**

예전에 어디선가 들었던가, 읽었던가.

이렇게 해가 지고 어둠이 내리면, 너무 어두워 무섭지 않고 너무 밝아 눈부시지 않은, 우리는 땅거미가 진다고 하는 시간, 그 시간보다 살짝 지난 시간, 이 시간을 늑대와 개의 시간이라 한다고.

모든 기억이 다 아득하다.

나는 이 시간이 정말 좋다.

이런 시간엔 차를 한 잔 내리고 나지막한 음악을 들으며 하염없이 창밖을 내다보면 얼마나 좋을까!

평생을, 이 시간에 종종거리며 저녁 준비를 하거나 누군가에게 눈을 부라리거나 심술 가득해서 설거지했던 것 같다.

그래서 오늘부터는 일상의 순서를 바꿔 보기로 했다.

집에 오자마자 늙은 학생은 숙제하고 다음 날 수업 준비물을 확인한 후, 착한 어린이처럼 아래층 다이닝룸으로 내려가서 다이안이 주는 밥을 먹는다. 전자레인지 들어갔다 온 으깬 감자(안에 피시가 있다는데 한 숟가락 양도 안 된다)와 진짜 으깬 감자, 데친 당근(새끼손가락 반쪽만 하다), 브로콜리 그리고 냉동 딸기에 아이스크림을 듬뿍 올려 후식처럼 먹었다. (밥공기 가득. 딸들을 외국으로 공부하러 보내면 왜 우량아가 되어 오는지 알고도 남는다.)

그러고는 이 층 방으로 올라가 다이안이 매일 밤, 불을 켜 놓는 정원을 내려다보며 내 방의 불을 끄고 라디오를 켜서 BBC 클래식 방송에 딱 맞췄다.

창밖엔 어둠이 내리고, 불빛인지 달빛인지 적당하다.
감동이다. 60년 만에.
한국에 돌아가면? 설마 도루묵이랴!

▶ 4월 27일 Farewell party

어제는 Farewell party를 한다고 City center 근처 태국 음식점에 다 모였다. 이름도 어여쁜 Jasmine에서.

거의 스무 명 이상 모였다.

어쩐지 파티라면 복장이 살짝 달라야 할 거 같아 목걸이를 하나 걸고 갔더니, 다행이었다. 다들 집에 가서 하다못해 재킷이라도 갈아입고 왔다.

일종의 회식이었다. 예약한 식당 한편에 테이블을 길게 붙여 앉았다. 음식은 각자 먹고 싶은 거 주문하되 스타터는 넷이서 나누고, 일률적으로 각각 서비스료 포함 2파운드씩 추가해서 자기 계산은 자기가 하는 것이었다. 합리적이고 똑똑한 방식이다. 사실 내가 스타터나 음료수 정도 또는 약간의 찬조금을 내고 싶었지만, 어쩌면 그것이 평등이 깨지는 시발점이 될 수도 있을 거 같아 참았더니 잘한 것 같다.

이탈리아에서 온 전형적인 이태리 신사 파비오가 자꾸 나이를 물었다. 다른 총각들이 위험한 질문이라며 말리는데도. 자기는 49세란다. 아무래도 비교해 보려는 속셈이다!

"I'd like to stay at 49 years old forever!" 내 대답이었다.

하도 궁금해하길래 49세는 지났다고 했다.

화기애애하게 식사하고 태국 식당을 나와서 다들 펍으로 간다는데 나는 피곤을 견딜 수 없어 집으로 갔다. 예전 같으면 신나서 맥주 한잔했을 텐데. 한때는 동아리 공식 주모인 적도 있었건만. 집에 가는 길에 슈퍼에 잠시 들렀는데 귀가 찌르는 듯이 아팠다. 피로가 한계를 넘었다는 신호이다. 건강했을 때는 도저히 이해하지 못한 현상이다.

비를 맞으며 돌아왔기에, 샤워하고 커피를 마셨다.

그저께 예쁜 Yuji가 한국에서 엄마가 커피를 많이 보냈다고 몇 개씩 나눠준 달달한 믹스커피.

몇 달 전까지도 믹스커피를 마시면 배가 쥐어뜯듯이 아팠는데 오늘은 어떨까 다시 시도해 봤다. 이렇게 비 오고 바람 부는 날에는 달달한 한국산 믹스커피가 제격이지. 다행히 배가 아프지 않다! 느낌이 좋지는 않지만 아프지도 않다. 5년이 되어 가니 조금씩 좋아지나 보다.

"이 또한 지나가리라." 도대체 위로도 되지 않는 이 말, 몹시 듣기 싫었는데. 지나간다!

▶ 5월 2일 **영어 어학연수**

아주 예전에, 어릴 적에 나의 사주는 삼국 물을 먹는다고 하였다.

그 당시는 외국 여행은 물론 외국 유학도 통제되던 시절이라서 삼국 물을 먹는다는 뜻은 가히 세계를 주유한다는 것과 거의 동의어였기에 나는 내가 유학 가는 팔자일 줄 알았다.

그러나 인생은 늘 반전의 연속이라 삼국 물은커녕 제주도조차도 신혼여행이 처음이었고 비행기도 그때 처음 탔다. 50분 남짓 제주도 가는 비행기 안에서 승무원들이 콜라 한 잔과 사탕 몇 알을 주었을 때는 감동이 밀려왔었다. 대한항공 승무원들은 자부심 넘치는 표정으로 일했었고. 그 후 남편이 해외 출장 갔다 올 때마다 당당히 선물을 내놓으라 했다. 아무래도 나의 삼국 물 팔자가 그쪽으로 이전해 간 것 같다고.

2000년도에 은행과 의논하여 인생 최초 해외여행으로 가족 모두 유럽행 비행기를 탔을 때 기쁨은 이루 말할 수 없었다. 그때 우리 여행 동지였던 남편 회사 동료 두 집과 숑가네 모녀 이렇게 14명이 패키지여행에서 큰 세력을 이루며 새벽에 뛰쳐나가 밤 12시에 들어오는 강행군을 해도 모든 게 신기하고 마냥 즐거웠다. 지금 생각하면 열악한 여행이었음에도 그때는 젊었고, 처음이었기에 즐길 수 있었다.

나의 삼국 물 사주는 그 이후 이어진 여행으로 계속되었고 나는 다 늙은 나이에 노인 유치원 개념으로 영국의 어학원에 다닌다.

사주가 이루어진 걸까? 바람이 이루어지는 걸까?

주변을 둘러보니, 한국의 젊은이들은 여기서도 똘똘한 눈망울로 공부 잘하고, 스위스, 스페인, 이태리, 아라비아 쪽 직장인들은 길게는 한 달, 짧으면 2주 정도 휴가를 내어 영국으로 영어 공부하러 온다. 가까우니 훨씬 쉽게, 저렴하게 오겠지. 그래서인지 지난주부터 우리 아카데미에 나의 Face에 육박하시는 분들이 급격히 늘었다. 나로서는 아주 다행이다. 당분간 49세로 사는 데 지장이 없겠다.

▶ 5월 5일 **Home Party**

아야꼬네 호스트 파더가 이사를 간단다.

지금은 아카데미 근처인데 새집으로 이사 가기 전에 마당이 이쁜 현재 집에서 마지막 디너파티를 한다고 초대를 했다.

아야꼬는 그야말로 Lovely한 일본 아가씨로 상냥하고 친화력이 짱이다. 아카데미의 모든 파티는 아야꼬와 지안이 거의 주관한다.

아야꼬와는 개인적으로 초대할 만큼 친하지는 않는데 다음 주 저녁 우리 집에서 열릴 한국 학생들 파티에, 지안과 친한 고토에와 아야꼬를 초대했더니 그저께 나를 급히 추가한 것 같다.

어쨌거나 홈파티는 궁금하고, 앞으로 홈파티 갈 기회는 거의 없을 터이니 초대를 냉큼 받아들였다. 지안에게 조언을 구해 와인 한 병을 사 들고 갔다. 모리슨에는 6파운드짜리 와인도 많던데 마트 점원에게 추천받은 녀석은 10파운드이니 어느 정도 수준은 되겠구나 싶고, 늙은 유학생 주머니에도 맞춤하여 안고 갔다.

아야꼬네는 4층짜리 플랫으로, 예쁜 정원이 Back yard에 있고 거의 20명쯤 되는 초대 손님들이 와 있었다. 정원이 잘 손질되어 있는 걸 보니 이들의 취미 중에 Gardening이 많은 걸 이해하겠다. 정원 담장이 고풍스럽다 했더니 200년이 넘은 건물이란다! 밖에서 보면 하얀 건물이라서 나는 한 20년 정도 된 줄 알았다.

호스트 파더 사이몬과 다른 한 남자가 닭다리와 소시지를 열심히 굽고 있었다.

각자의 의자가 빙 둘러져 있고 손님들은 접시를 들고 먹으면서 주로 서서 대화를 하였다.

거의 20대 후반 젊은이들이다. 대부분 아카데미 친구들이라 어색하지는 않지만, 나는 딱히 할 말도 없고 말할 수준도 못 되어서 내 딴에는 기를 쓰고 방실방실 웃고 있었는데 잘생긴 인도 청년이 말을 걸어왔다. 10년 전 인도 여행을 간 적이 있는지라 인도 간 적이 있다고 했다. 반가워하면서 어디를 갔냐고 묻는데 델리를 대답하고 나니 아무 생각도 나지 않았다.

세상에나! 10년 세월이 무서운 걸까, 나의 기억력 상실이 엄청난 걸까? 놀러 갔던 장소를 잊어버리다니! 내 사전에는 없는 일었다. 마치 Delete 키를 누른 듯 완전히 삭제되어 바보가 따로 없었다. 인터넷 찾아보고 얘기해 주겠다며 여행사 홈페이지에 들어가 보니 여행 상품들이 달라져 예전에 우리가 갔던 지역들은 절반도 안 나왔다.

멍청한 할매 노릇을 한 다음 혼자 곰곰이 생각해 보니 이 또한 내 탓이다. 인도 여행 갔을 때 과거에는 찬란했을지 몰라도 현재는 엄청난 빈부 차이로 인한 하층민들의 비참한 삶을 보면서, 인도 엘리트 계층을 엄청 욕했었다. 그러고는 다시는 가고 싶지 않은 나라라고 흥분했더니 그 여행은 기억에서 삭제되어 있고 정작 인도 엘리트 청년을 만나서는 그의 생각은 물어보지도 못했다.

그동안 나름대로 다른 나라 역사책들을 좀 읽어 본 바에 의하면, 어느 나라든 많이 배우고 많이 가진 계층의 양심적인 엘리트들이 자신을 양보하고 더 나은 세상을 위해 치열하게 애를 써야 그 나라가 문명국이 되던데,

오로지 현재의 편안함에 안주하여 기득권 유지에만 급급하면 결국은 만인이 만인의 이리가 되는 세상으로 흘러가는 것으로 생각했었다.

찬란한 문화유적지 인근 레스토랑 담벼락에 올라앉아 관광객들에게 구걸하는 배고픈 어린아이들을 보면서, 내 깜냥으로만 해석하여 인도의 엘리트들 비난에 급급했던 과거에 대한 인과응보이다.

영국은 벌써 해가 길고 서머 타임을 실시하는 관계로 9시가 되어도 별로 어둡지 않아 10시가 되어야 겨우 불빛이 제 역할을 한다.

피곤해하는 나를 배려하여 지안이 작별 인사를 하고 나도 지안 뒤를 따라다니면서 인사를 했다. 모든 인사가 'Nice to meet you'로 통한다.

집으로 오는 하늘에는 별이 빛나고 산들바람이 부는데 나는 피곤하다.

홈파티에서 일본 아줌마 학생이 물어보았다. 왜 여기 엑서터로 왔냐고.
"Just inspiration! No reason."
사실이 그러하다.
그러나 이렇게 이쁜 동네에 살아 보게 되어 참 좋다!

▶ 5월 9일 **Horse racing**

평일에는 너무 피곤하여 아카데미 마치자마자 집으로 고고씽이었는데 이 생활도 어느덧 한 달이 지났다고 조금 적응이 되는지 처음 왔을 때만큼 기진맥진하지는 않는다. 새벽 요정님도 자꾸 원래대로 올빼미로 돌아가려고 하고.

기요꼬가 운동화를 사야 한다길래 내가 간 적이 있는 City center 신발 가게로 데리고 가면서 조금 친해졌다.

기요꼬는 나랑 같은 Face 계열인, 70세 일본 학생으로 명품으로 치장한 멋쟁이이다. 도쿄에서 화랑을 운영한다던데 그래서인지 뮤지엄 가기를 좋아해서 지난 주말에도 엑서터 로얄 알버트 뮤지엄에 같이 갔다 왔다. 취미가 승마란다. 다음 주 월요일에 윈저에서 열리는 승마 대회를 보러 간다고 한다. 처음 승마 이야기를 할 때는 그냥 그런가 보다 했는데 자꾸 들으니 또 팔랑귀가 팔랑거린다.

5월에는 윈저 Horse racing이 유명하고 6월에는 Royal Ascot horse racing이 유명하단다. 홈페이지에 들어가 보니 입장료가 만만치는 않지만 그래도 영국 왔다 갔노라고 한번 가 볼 만한 거 같다. Royal Ascot는 드레스 코드도 정해져 있는데 여자들은 원피스를 입고 모자를 써야 한단다. 마치 옛날 귀족 코스프레하듯. 얼마나 재미있냐! 어른들 노는 놀이가!

취미가 하나 늘면 세상 보는 창문도 하나 늘어나고 사는 재미도 조금 는다. 문제는 친구이다.

누구를 친구로 잘 엮어 Horse racing에 같이 갈 수 있을까?

▶ **5월 10일 호스트 홈 음식**

주인 할매 다이안은 품위 있고 깔끔한 영국 사람이다. 우리가 한국 음식이라도 할라치면 영국에서는 영국 음식을 먹으라며 선을 딱 긋고 자신의 책임에 충실하게 식사 준비를 했다. 비록 그것이 슈퍼에서 와서 바로 전자레인지를 거쳐 식탁에 오를지라도. 그래서 나도 일요일 저녁만 한식으로 내가 한다. 그것도 지안이 떠나면 그만둘 생각이다. 음식도 좋아하며 같이 먹을 사람이 있을 때 시간 쓰고 돈 쓰는 보람이 있는 것이지, 반 공기도 겨우 먹는 나 혼자 먹자고 애쓸 일은 아니라는 생각이 든다.

그런데 문제는 이 동네 식사 형태이다. 전통은 어떤지 잘 모르지만 현재 영국은 많은 경우가 슈퍼에서 사 온 패스트푸드를 집에서는 전자레인지나 오븐에 넣었다가 먹는다. 근데 우리에게 더 중요한 건 빵이나 파스타 등의 곡물이 늘 나오는 게 아니라는 점이다. 오늘 저녁 식사만 해도 고기를 넣은 스튜(이름을 들었는데도 기억 안 나는 스튜)에 콩알만 한 찐 감자 몇 알, 찐 아스파라거스 이렇게 나왔다. 다른 때도 크게 다르지 않다. 가끔 파스타나 피자를 먹기도 하는데 대개는 찐 야채 조금, 육류 약간, 또는 스튜 같은 걸 찐 감자와 먹는다. 나는 거의 영국 사람인 듯이 이런 류의 음식들이 전혀 거북하지 않고 섬유질도 없어 먹기 편하다. 그리고 소식하는 내게는 적당한 양이지만 한창 자라는 청소년들이라면 어림없다.

예전에 중학생 아들 어학연수 보냈더니 쫄쫄 굶었더라는 기사를 읽은 적이 있는데 그때는 인심이 고약하다고만 생각했었다. 그런데 요즘 내가 매일 먹는 식사를 보면 먹성 좋은 우리나라 아이들이라면 많이 힘들겠다 싶다. 식사 후에 후식으로 나오는 달짝지근한 푸딩이나 아이스크림, 요구르트, 비스킷 등으로 배를 채우려면 얼마나 먹어야 하겠나! 살이 마구 찌는 것은 말할 필요도 없다.

우리나라 아이들이 그래도 저 정도 체형을 유지하고 사는 건 조상님들의 지혜로운 식단에, 열심히 밥상 차리는 엄마들의 정성 덕분인 것 같다

▶ 5월 11일 **결국은 사람**

어제도 Farewell 파티가 있었다. 엑스강 가에 있는 On the waterfront라는 피자집에서 모였는데 이번엔 지안이 떠나는 참이라 무조건 참석해야 했다. 지난 수요일에 기요꼬 따라 신발 가게에 갔다 왔다고 어제 오전 1교시 Grammar class에 드디어 결석했다. 수요일에 고작 시내 두어 시간 다니고 목요일에 결석할 수준이니 참 한심한 체력이다. 그래도 오늘은 저녁에 또 나가야 하니 집에 와서 쉬면 시간이 애매할 것 같아 City center 가는 길목에 있는 엑서터대학교 도서관에 앉아 한 시간을 보내기로 마음먹고 도서관에 앉아 주변을 두리번거렸다.

대학교는 시험 기간이라 푸른 오월의 신록처럼 싱싱한 젊은이들이 삼삼오오 다니며 토론하고 차 마시는 것을 보니 온 세상이 젊은 기운으로 가득하다.

화장실에 들러 흘깃 본 내 얼굴은 《헨젤과 그레텔》의 마귀할멈 같았다.

파티에서 옆자리에 앉은 파비오에게 영국 피자와 이태리 피자의 차이를 물어보니 정통 이태리 피자가 영국 피자보다 도우가 두껍다고 한다. 그리고 두 나라가 다 1인 1피자를 먹는단다.

어제는 꼭 끝까지 남아 펍에 따라가려고 작정을 했었는데 저녁 식사가 끝나고 나니 거의 기절 지경으로 피곤하여 혼자 집으로 갔다.

오늘 아침, 아카데미에 가 보니 지안만 떠나는 게 아니고 술탄과 파비오도 간단다. 지난번 Sara가 떠날 때도 섭섭했지만 이번엔 친했던 세 사람이 다 간다니 몹시 서운했다. 떠들썩한 파비오가 가면 온 아카데미가 심심하겠지. 술탄은 함께한 수업이 많아 빈자리가 확연할 것 같다.

인정 많은 아말이 집에서 케이크를 구워 왔다. 아말은 유학 온 남편 따라 어린 아들과 함께 영국에 왔는데 어차피 영국에 사는 김에 본인도 영어 공부하러 다닌단다. 맛있는 카스텔라를 구워 사우디 전통차와 대추절임 디저트와 함께 가져왔다.

여기서 여러 나라 사람들이 모여 서로 이야기해 보면 그중에 아랍 사람들의 정서가 우리네와 여러 가지로 닮은 점이 많다는 걸 느낀다. 아말 덕분에 정답고 따뜻한 시간을 보내면서 결국은 사람이라는 생각이 든다.

서로 떠듬떠듬 되는 말, 안 되는 말 섞어 문장인지 비문장인지 이야기한답시고 하지만 그래도 다정한 사람은 따뜻한 표가 나고 쌀쌀한 이는 찬바람이 인다. 남이 이러더라 저러더라 서운하게 여길 게 없다.

자기가 가진 천성, 태도, 교양 등 자기 자신을 그냥 증거물처럼 뿌리고 다닌다. 더러는 오해도 사겠지만 결국 시간이 길어지면 다 드러난다. 무서운 일이다.

▶ 5월 13일 **엑서터 대성당**

지난 주말에는 몸살이 나서 종일 누워 있느라 성당에 못 갔다.

그래서 이번 주는 그저께부터 피곤해지지 않도록 각별히 조심하여 체력을 비축해 두었다. 성당에 갈 때도 걸어가지 않고 버스를 타고 갔다. 지난번에는 데이티켓이 3.9파운드였는데 오늘은 4파운드를 내란다. 요금이 올랐나, 일요일이라 그런가. 이유를 물어볼 줄 몰라 눈만 껌벅거리다가 "땡큐." 그리고는 자리에 앉았다.

버스를 타는 바람에 예정보다 30분이나 일찍 도착하여 주변을 여기저기 둘러보았다. 예전에 신사들이 모였다던 클럽, 성벽 길, 침례교회, 퀘이커 교도들 교회 등등 아기자기 재미있는 곳이 많다. 내가 통밥으로 이곳저곳 대충 다녔는데도 진짜 괜찮은 곳들이었다.

성당은 이번이 세 번째 참여하는 미사라 조금 똘똘해져서 자리도 잘 보이는 데로, 조금 앞으로 진출했다. 시작 전엔 역시나 제단 앞에 초를 켜서 소원을 빌었다.

찬송가는 한국에서 듣던 바와 거의 같았다. 내가 신앙심이 더 깊거나 노래를 좀 했으면 더 일체감을 느꼈을 텐데.

미사 때 잘 들어 보니 신부님 말씀 끝에 신자들이 "Here I am."이라고 한다. 그리고 여자들도 미사보를 쓰지 않는다. 우리나라에서는 신자들끼리 "평화를 빕니다."라고 그랬는데 여기서는, 지난번에는 "Nice to meet you!"그러더니, 이번에는 모두들 "Peace for you."그런다.

영성체 중에는 포도주도 나눠 준다. 남 입 닿은 데는 헝겊으로 바로 닦아 주고는 마시게 한다. 미사주는 입술 적시는 수준으로 마시는데, 안 마시고 가는 사람도 많다. 나는 좀 궁금해서 꼭 마셔 본다. 정말 조금 적셔 봤지만 질 좋은 포도주이다.

미사 중에 피우는 향은 많이 강하여 메케할 정도이다. 제사라는 느낌이 팍팍 온다.

마치고 나오면서 신부님께 물어보았다. 제단 위, 조각 아래 글자가 무슨 뜻인지. 노란 얼굴이 한눈에도 외국인으로 보일 거라고 확신하고 코리아에서 왔다 하면서 물으니 사우스인지 노스인지 묻는다. 우리는 남들도 당연히 사우스로 생각하려니 하지만 이들에게 그냥 우리는 남과 북이 다르지 않은, 유일한 분단국가 Korea일 뿐이다. 뭐라고 설명하셔서 그 자리에서는 알아들었는데 뒤돌아서면서 반은 잊어버렸다!

집에 가는 길에 엑서터 대성당을 들렀다. 보통 때는 문이 닫혀 있어 못 들어갔는데 일요일은 예배가 있어서 공짜로 샥~ 들어가서 보면 된다. 일요일마다 미사 끝나고 오는 길에 들러서 볼 참이다. 엑서터 성당은 다섯 번 정도는 가 볼 가치가 충분하다고 생각한다. 며칠 전에 영국 성당에 관한 책 세 권을 사서 성당의 구조물 설명과 엑서터 성당에 대한 설명을 읽었더니 훨씬 눈에 잘 들어왔다. 두 번째로 보니 성당이 뭔 묘지인 양 권력자, 부자들의 묘비명으로 가득하다. 그것도 부부 동반으로. 가톨릭 성당에서는 흔치 않은 것 같았는데. 웨스터민스터 사원이나 엑서터 성당은 영국 국교회 성당이라 그런지 분위기가 좀 달랐다. 약간 주술적인 느낌? 다음에 또 와서 더 찬찬히 둘러봐야겠다.

▶ 5월 14일 **떠난 자리**

어제 오후에는 한국 학생들을 초대해서 집에서 지안의 작별 파티를 열었다. 여기 와서 매주 일요일 저녁은 한식 요리를 만들어서 같이 먹었는데, 다른 집에 사는 한국 학생들이 부러워하길래 겸사겸사 일요일 저녁을 같이 먹기로 했다. 다이안 할매한테 허락도 받았다.

식품 구입부터 준비까지 내가 다 했다. 지안이 경비를 나누자고 했는데 그리 큰돈도 아니고 한국 아가들 밥 한번 먹이고 싶기도 해서 내가 책임지고 하기로 했다. 그런데 초대 손님이 6명, 지안과 나를 포함 총 8인이라 하니 다이안이 싫어한다고 해서 할 수 없이 두 팀으로 나누었다. 토요일에 아야꼬네 집에서 한 번, 일요일에 우리 집에서 또 한 번 하기로 했다. 지안이 미안해하면서 아야꼬네 집은 자기가 알아서 한다고 하는데, 한식을 기대하는 아가들을 생각하면 그럴 수가 없어서 내가 그냥 똑같은 메뉴를 두 번 만들었다. 토요일 모임은 늦도록 함께 있으면 피곤할 거 같아서 피크닉 도시락처럼 싸서 지안에게 들려 보냈더니 모두들 잘 먹었다고 행복한 사진을 보내왔다.

일요일 오후에 같은 요리를 또 준비하면서 국제결혼에 관한 생각이 잠시 스쳐 갔다. 주인 할매가 좋은 사람이긴 한데 문화가 다르다 보니 일견 보기에 저렇게 쌀쌀맞은 거다. 한국 할매 같았으면 같은 일을 그예 두 번 시키겠냐. 일도 일이고 사람도 나눠져야 되는데. 문화가 다르면 이해의 폭도 어쩔 수 없이 한계가 있는 것 같다.

어쨌거나 비빔밥, 불고기, 카프레제 이렇게 내놓으니 너무들 좋아해서 돈 쓰고 일한 보람이 있었다. 핸섬보이 C는 여기 온 후로 늘 불고기 생각이 떠나질 않았더란다. 제 엄마가 들었으면 얼마나 속이 짠하겠나. 저녁 식사 후 정리를 마치고 지안마저 고쌍네 집으로 마지막 짐을 들고 가니 온 집이 다 빈 듯했다.

받아 놓은 날은 잘 간다더니 내가 여기 왔을 때, 지안은 한 달만 같이 있는다 했었는데 어느새 한 달도 더 지나서 떠나게 되었다.

나도 저러고 엑서터를 떠나겠지. 그러고는 어느 날 영영 떠나겠지.

오늘 아침에 혼자 아카데미로 걸어가니 이 길을 지안과 열심히 영어로 이야기하며 걸었던 날이 아득한 옛일 같았다.

▶ 5월 15일 **영화관 Odeon**

오늘 저녁은 다이안이 외식을 한단다.

어젯밤에 내게 얘기했다. 딸의 생일이라고.

내가 딸이 또 있냐고 물었더니 세상 떠난 딸의 생일이란다.

영국인들은 고인의 생일이 되면 모여서 고인을 추억한다고 한다.

내 저녁은 신경 쓰지 말라고 "Don't care, I'll make my dinner." 했더니 그때는 "Don't worry."라고 해야 한단다. 어쨌거나 오늘 저녁은 뭘 할까 고심하다가 일단 영화관에 가서 영화를 보는 시도를 하기로 했다.

좀 쫄아서 같이 갈 친구를 구했더니 모두 일이 있단다. 할 수 없이 그냥 혼자 갔다. 미리 조사해 보니 영화관 Odeon은 우리나라 CGV처럼 체인인데 다행히 City center 가는 길목, 집과 가까운 곳에 있었다. 영화는 〈어벤져스 인피니티 워〉로 골랐다. 상영 시작이 3시 40분이어서 부지런히 갔다.

이럴 땐 나의 황당무계한 성격이 많이 도움이 된다. 제일 좋아하는 영화 장르는 애니메이션, 그다음 SF와 판타지 영화이다.

예전에 비디오 대여가 성행할 때, SF 영화를 빌리면 가게 주인들이 아줌마 취향이 특이하다며 놀랬는데 요즘같이 판타지 영화가 많이 상영되는 시절에는 돈이 모자라서 그렇지, 신나게 볼 영화가 많다.

시작 전에 광고를 30분 동안이나 보았더니 다음번 상영 예정 영화들을 다 섭렵한 듯했다. 영화는 취향에 딱 맞게 무지 재미있었다. 더 좋은 것은 엔딩 크레딧이 완전히 다 올라갈 때까지 모두 자리를 지키고 극장 측도 불을 켜지 않는 것이었다. 나는 엔딩 크레딧이 다 올라가도록 끝까지 앉아 있는 사람이라, 우리나라 영화관에서처럼 중간에 우르르 나가고 불이 켜져서 나중에 혼자 앉아 있으면 같이 간 사람들에게 민망했었다. 여기는 음악도 끝까지 다 듣고 여운도 천천히 가셔서 좋았다.

처음에 표 살 때는 달달 떨며 물어봤있는데 한번 보고 나오니 배짱이 약간 생겼다. 이러면서 적응하나 보다.

영어로 된 영화를 자막도 없이 감으로 봤지만 두 번은 더 와도 괜찮을 것 같았다. 나는 같은 영화를 여러 번 보는 데 이력이 나서 전혀 지겹지 않다. 〈해리 포터〉 1편은 20번 이상, 〈니모를 찾아서〉는 10번도 더 봤다.

문제는 돈이다. 조금이라도 싸게 보는 연구를 해야겠다.

저녁 식사로 써브웨이에 가서 주문에 도전해 보려다가 돈을 좀 아끼기로 했다. 1.46파운드 주고 아보카도를 한 개 사 와서 한국 인터넷에서 보았던, 아보카도 달걀 비빔밥을 만들어 저녁을 잘 먹었다. 일요일 저녁 파티 때 먹고 남은 밥 중 지안이랑 고짱에게 밥과 찬을 보내고 한 주먹 남겨 둔 밥을 요긴하게 잘 썼다.

한 사람 외식비로 영화 보고, 밥 먹고 뿌듯하다.

▶ 5월 16일 La Touche

아침에 눈을 뜨니 드디어 병이 나려는지 몸을 일으키기가 힘들었다.

이 먼 나라에 와서 그냥 아무 소일거리도 없이 살면 그거야말로 유배가 아니겠냐고 엑서터 어학원을 기를 쓰고 다녔다. 우리 세대는 개근에 대한 강박이 뼈에 새겨진 세대이니 늘 하던 대로.

젊은 학생들 생각해서 물 흐리지 말고 열심히는 살아야 하겠지만 오늘같이 몸살이 몰려오는 날은 결석도 해 주는 게 도리라며 온갖 합리화를 들이대고는 11시까지 누워 있었더니 살 만해졌다.

고짱네 집에서 엑서터 생활을 정리하는 지안과 덩달아 휴가를 가지는 고짱과 셋이 엑서터대학교 비즈니스 스쿨 안에 있는 레스토랑에서 점심을 먹었다.

식당 이름은 La Touche, 봄에 처음 와서 엑서터대학교를 둘러볼 때 외관이 그럴듯해서 눈여겨봐 둔 곳이다. 그때는 조용하고 우아하더니 오늘은 우리나라 고속도로 휴게소처럼 붐비고 학생, 교수들이 많았다. 계산 방식도 샐러드는 무게를 달고, 다른 요리는 각각 계산하여 주문한 후 벨이 울리면 가지러 가는 방식이다. 와글와글 정신이 없었다. 사람이고 식당이고 몇 번은 봐야 본모습을 안다.

엑서터 비즈니스 스쿨이 좋은 학교라더니 학생들도 똘망똘망한 모범생처럼 생겼고 구겨진 셔츠를 입은 남자들조차도 교양이 있어 보였다. 이 동네는 공부하는 장소랑 파티하는 장소에 따른 옷이 확연히 구분되어 때와 장소를 못 가리면 바보 되기가 십상이다. 점심 먹고 진짜 작별 인사를 하고는 또 Odeon 영화관에 갔다. 두 번째는 보무도 당당히 의연한 표정으로, 할인 여부도 물어 가며 들어갔다. 할인이 안 되어 또 8파운드를 냈다. 두 번째로 보니 스토리도 약간 감이 잡히고 말도 몇 마디 귀에 들어왔다. 그러나 두 시간 반짜리 긴 영화에 등장인물도 많고 스케일도 방대하여 한 번은 더 봐야 확실히 알 것 같았다. 악당이 굉장히 철학적인 표정을 지어서 악당이긴 한데 왠지 짠했다. 아마 나는 또 보러 올 것이다. 어떻게든 할인 좀 받아 보려고 어젯밤에 거의 2시간 동안 컴퓨터와 핸드폰을 들고 씨름했지만 뭔 말인지 이해를 못해 헛수고만 했다. 다음에도 또 8파운드를 내게 생겼다.
도대체 이게 뭐라고 같은 영화에 24파운드나 쓰나!
다 성격 탓이다. 팔자조차도.

▶ 5월 18일 나의 자유와 너의 자유

오늘은 시몬과 작별 인사를 하는 날이다. 지안이 있었으면 당연히 목요일 Farewell party를 했을 텐데 아야꼬도 혼자 진행하기는 버거웠나 보다.

아무 말도 없던 걸 보면.

스위스 아가씨 시몬은 담배 피우는 모습이 멋지다. 어쩐지 저 여인은 우수에 젖어 샹송을 부를 것 같은 느낌으로 식사 후에는 밖에 나가서 담배를 피웠다.

요즈음 우리나라에서는 흡연자들이 갈 곳이 없는데 이 나라에서는 실내만 아니면 어디서나 당당히 핀다. 흡연자의 자유도 인정하는 것이다.

남자 친구가 와서 일주일을 함께 여행하다가 스위스로 돌아간다며 몹시 행복한 표정이다. 작별 파티도 없이 헤어지기가 섭섭하여 스위스 아줌마인 로즈마리와 셋이서 저녁을 먹기로 했다. 그러려면 내가 일단 집에서 쉬었다가 나가야 하는 걸 그들도 이해하는 터라 6시 55분에 City center에서 만나기로 했다.

나는 은행이 금요일은 5시 30분까지 근무한다는 정보를 우리의 만물박사 아카데미 Office 직원에게서 확인하고는 5시 5분에 HSBC 은행 앞에 도착했다. 몇 년 전에 쓰고 남은 25파운드가 옛날 돈이라고 은행에서 바꿔 오라 하기에 벼르다가 간 것이다. 자동문이라고 쓰였는데 안 열린다. 그럼 이참에 Lloyd 은행으로 가 보자. 거기도 자동문이 꿈쩍 안 한다. 이리저리 기웃거리다 보니 금요일은 5시까지란다. 그리고 토요일도 근무한다고 했다. 약속 시간까지 한 시간도 더 남아 윈도쇼핑을 하려고 이 집 저 집 기웃거리니 하나둘씩 문을 닫았다.

6시가 되자 모든 상점이 음식점만 제외하고는 문을 닫았다.

시내 한복판 상가 거리에서, 그것도 불금에!

근로자도 사장님도 가족과 함께 밥을 먹으러 집에 갔다.

내가 누리는 자유가 네가 누리는 자유와 다르지 않은 것이다. 서비스업종은 토요일 근무도 한다. 그러나 모리스 같은 대형 슈퍼도 토요일은 6시, 일요일에는 4시까지만 문을 연다. 그 이후는 집에 가서 쉬어야 하니까. 나는 마땅히 더 다닐 데도 없어 길거리 벤치에 앉아 30분을 기다렸다. 시몬과 로즈마리가 10분 전, 2분 전에 도착했다. 2분 전에 헉헉거리며 도착한 로즈마리는 늦을까 봐 택시를 타고 왔단다.

▶ **5월 24일 도전**

요즈음 계속 생각하고 있는 문제가 있는데, Class를 변경하는 것이다. 처음 여기 와서 분반 테스트를 하고는 의견을 묻길래 문법은 좀 하고 읽기, 쓰기는 그럭저럭이며, 말하기, 듣기는 잘 못한다고 했더니 거의 그대로 반 편성이 되었다. 말하기 듣기는 담당 선생님이 반을 바로 올려 주었고, 며칠 있다가 문법반과 읽고 쓰기반이 하나씩 올라갔었다. 그러고는 어느덧 6주째가 되고 보니 생각이 조금씩 달라졌다. 혼자서 분석해 보니, 엄밀하게는 모든 반이 하나씩 더 올라가야 수준에 맞다. 문법반도 더 올라가야겠지만 그보다 읽고 쓰기, 말하기 듣기는 변경을 해야 한다.

4월 말부터 망설이다가 지난 금요일 Boss Andy에게 말했더니 각 선생님한테 이야기를 전했는지 어제는 현재 말하기 듣기반 Lou 선생님이 이야기 좀 하자고 해서 상담을 했다. 그런데 이분은 내가 그대로 있었으면 하는 눈치였다. 그 선생님 의견으로는, 높은 반으로 가서 힘들면 어떻게 할 거냐였지만 높은 반이 오히려 더 알아듣기 쉽다. 발음도 깔끔하고 문법도 정확해서. 지금 반은 선생님도 좋고 친구들도 좋지만 그래도 아닌 건 아닌 거다. 이 알량한 실력으로 시간마다 친구들에게 단어나 내용 설명하느라 진을 뺄 수는 없지 않나! 밤새 생각하다가 오늘 가서 확실하게 이야기하고 왔다. 나는 Challenge가 필요하다고.

이 나이 먹으면서 겨우 터득한 게 있다. '잘난 척할 것도 없고 알면서 모르는 척할 필요도 없다'는 것이다. 뭐든지 있는 그대로, 더러는 솔직함이 당장은 낯간지러워도 솔직해야 나중에 앙금이 없다.

이러고 올라가서는 무슨 개망신을 당할지 모르지만, 입 다물고 짜증 나는 것보다야 낫겠지.

▶5월 25일 한 끼 밥

오늘은 Y가 마지막 수업을 받는 날이다.

Grammar 시간에 Y는 탁월한 실력을 발휘하여, 테스트를 하면 거의 틀리지 않았다. 1교시를 마치고 같이 사진을 찍고 작별의 말들을 하였다. 이곳은 사설 학원이어서 학생들이 수시로 들고 나는데 그중엔 유난히 정이 가는 사람들이 있다. Y가 그런 편에 속한다. 그래서 겸사겸사 밥을 사주려다 보니 둘만 가는 것은 재미없고 다른 한국 학생들과 다 같이 가기엔 돈이 많이 드는데 들인 돈에 비하면 음식은 돈값을 못 해서, 다이안에게 부탁하여 우리 집에서 밥을 먹기로 했다.

Two girls와 Two boys라 했더니 다이안은 지난번 지안 때 공연히 두 번 일하게 한 전력이 다소 미안했는지 네가 피곤한데 괜찮냐며 좋을 대로 하라고 했다. 밖으로 나가는 것보다는 집이 낫다고 했더니 그러라고 승낙이 난 것이다.

그래서 젊은이들이 Excursion을 다녀오는 시간에 맞춰, 6시에 모여서 밥을 먹기로 했다. Excursion에 가지 않는 나는 수업을 마치고 집에 오는 길에 모리슨을 들러서 낑낑대며 장 보따리를 들고 왔다. 스테이크와 김밥, 샐러드 재료를 사니 30파운드 정도 들었다. 밖에서 스테이크와 음식을 이 정도 먹으려면 6명이 최소 120파운드는 드는데, 얼마나 가성비 좋으냐고 내심 뿌듯해서 보따리를 풀었다. 다이안이 혀를 차며 "You are stupid! You are mad!"라고 한다. 고기가 얼마나 비싼데 6조각이나 샀냐고. 마치 엄마가 딸 나무라듯 혀를 차며 이야기하는데 욕먹으면서도 정다운 느낌이 들었다.

모두 맛있게 먹으니 그래도 돈 쓰고 애쓴 보람이 있었다.

그러나 이것이 마지막이다. 앞으로는 누구를 불러 밥 먹을 일은 더 없다. 다 돌아간 후 다이안에게 고맙다고 인사를 했다. 다들 공부하는 학생들이라 돈도 넉넉지 않아 그냥 해 주고 싶어서 그랬노라 했더니 수긍이 가는 표정이었다.

밥 먹을 때 나눠 먹는 일 없고 먹어 보란 말도 없이 자기 것만 딱 먹고 앉아 있는 걸 보면 진짜 정 없고 냉랭하다. 계산할 때도 제 돈만 딱 내느라 줄줄이 서서 각자 몫만 계산하는 사람들이다 보니 이렇게 돈 쓰고 애쓰면서 누구를 먹이는 게 이들 정서로는 Stupid라 할 만하다.

그러나 당신들은 모른다.

우리 한국인들은 내 새끼 밥 먹일 때 옆에 있는 남의 새끼 밥도 챙기고 서로 주거니 받거니 나눠 먹으며 말로는 표현 안 되는 정이 쌓인다는 걸.

근거 없는 자신감의 시대

▶ 5월 26일 Cardiff

길 떠남은 그냥 좋다.
Mini와 Mai와 카디프에 왔다. 나는 카디프가 궁금했었다.
웨일즈의 수도라는데 이름이 영국스럽지 않다. Chester나 Mouth 또는 Ton 등의 이름이 대다수인데 카디프는 좀 이국적이었다. 그리고 웨일즈의 옛 이름이 지질학에서 너무도 유명한 캄브리아여서 더욱 호기심이 난다. 그래서 가 보고 싶어 했더니 Mini와 Mai도 가고 싶어 해서 같이 갔다. 엑서터에는 아침부터 비가 내리는데 고맙게도 다이안이 차로 기차역 바로 문 앞에 내려 주었다. 80 할머니가 베스트 드라이버다.
기차를 타고 카디프에 오니 날씨가 참 좋다.
크지 않은 영국도 두 도시 날씨가 전혀 다르다.
카디프는 웨일즈어에서 온 이름이란다. 전쟁 중에 도시는 폭격으로 망가져 새 건물들이 많은데 그래도 카디프성은 살아남았고 Cardiff bay는 시드머스나 토키와는 또 다른 모습을 하고 있다. 도시 규모도 훨씬 크고 활기찼다. 카디프를 좋아하는 젊은이들도 많지만 나는 그래도 엑서터가 더 좋다.
오랜만에 호텔 방에 누우니 세 여자가 동시에 "Comfortable!"을 외쳤다.
그러게, 남의 집살이가 만만한 게 아녀! 아무리 해 주는 밥 먹고 다녀도.
적당히 선선한 날씨에 미풍이 부는 바닷가를 산책하다가 스시집이 있길래 Take away로 들고 와서 낮에 사 온 와인, 치즈를 곁들이니 훌륭한 디너였다! 특히 낮에 치즈 전문점에서 사 온 브리에 치즈는 지금까지 먹어 본 치즈 중에서도 최고였다!

▶ 5월 28일 Old money

토요일과 일요일 1박 2일로 카디프에 갔다 오면서 어찌나 피곤하던지 오는 기차 안에서 옆자리 영국 아줌마 코 밑으로 머리를 들이대며 졸았다. 내릴 때가 다 되어 깜짝 놀라 정신을 차려 보니 나를 째리고 있길래 본능적으로 사태 파악을 하고는 얼른 "I am sorry."를 외쳤다. 그래도 표정이 곱지 않았다. 내가 어깨에 기댄 것도 아니고 코를 들이박은 것도 아니고 정신이 좀 산란하긴 했겠지만 그래도 사과를 하면 받아 주는 맛이 있어야지, 인정머리 없기는…. 너는 생전 졸아 본 적 없냐고 속으로 구시렁거리며 엑서터에서 내렸다. 길을 착각해서 무지하게 걸은 후, 버스를 잠깐 타고 집에 왔다. 저녁 먹고 대충 씻고는 오늘 아침 11시까지 잤다. 그러고는 하루 종일 침대와 벗하며 지냈더니 정작 지금은 자정이 지나 29일 되는데 눈이 말똥말똥하다. 새벽 요정에서 올빼미로 도로 돌아가려나 보다.

여기 와서 Old money 때문에 헛고생을 좀 했는데, 카디프 가서 이상한 일이 있었다.

몇 년 전 영국에서 쓰고 남은 지폐(Note라고 함) 25파운드와 서샘이 준 동전(Coin)들을 엑서터에서 냈더니 Old money라고 안 받는단다. 오잉? Old가 몇백 년 전도 아니고 2016년에도 사용한 네 나라 돈을 2018년에 너희가 안 받냐? 화가 머리꼭지까지 나는 걸 겨우 누르고, 그러면 어쩌느냐 했더니 은행에 가서 바꾸란다. 은행 시간 잘못 알아 5시 5분에 갔다가 허탕 치고 다음에 개점 시간 내에 갔더니 Bank account가 있느냐고 묻는다. 당근 없지! 그러면 포스트 오피스에 가면 된단다. 물어물어 우체국에 찾아가니 또 은행 계정을 묻는다. 없다고 했더니 안 된다고 한다. 은행에서 된다고 하더라며 따질 만큼 똘똘하지도 못하고 또 그간의 경험으로

미루어 이네들은 안 되면 그냥 딱 안 된다. 실랑이하기도 피곤하여 공부한 셈 치고 돌아왔었는데, 어제 카디프 뮤지엄 물품 보관함에 동전 1파운드를 넣었더니 작동이 안 됐다. 잘 읽어 보니 Old money 1파운드를 넣으란다. 이게 뭔 말이냐? 그럼 카디프는 Old money를 쓰냐?

프런트 가서 구 동전으로 바꾸면서 물어봤어야 했는데 말이 어눌하다 보니 물어볼 생각을 못 했다. 대신에 기부함에 5파운드 구화폐 한 장 넣고는 뿌듯해하면서 왔다.

영국은 박물관이 무료이다.

하지만 기부를 하라고 눈을 부릅뜨고 지켜본다.

어쨌거나 나는 정해 놓은 기준이 있다. 제법 괜찮다고 생각되는 장소이면 5파운드를 낸다. 아주 훌륭하면 10파운드를 내고. 그 정도는 나의 자존심이라고나 할까.

나는 공짜로 보는 일은 거의 없다, 아주 형편이 없지 않은 한.

다음에도 기부할 일이 있을 때 Old money를 써야겠다. 아주 소심한 복수!

동전을 거의 외울 때가 되니 집에 돌아올 시간이다.

▶ 6월 2일 **Bristol**

유월도 벌써 이틀이나 지나갔다.

처음 엑서터로 올 때 무서워서 벌벌 떨며 원정단을 구성하고 왔었는데 어느덧 두 달이 지나고 이제 한 달도 채 안 남았다. 오늘은 똘망똘망한 일본 처자 Haruka와 브리스톨을 갔다 왔다.

지난주 카디프를 가 보니 런던, 에든버러, 엑서터, 카디프 네 도시는 전혀 다른 분위기였다. 그런데 오늘 갔던 브리스톨은 엑서터와 카디프의 중간 느낌이다. 그래서 얼마 남지 않은 영국 생활 중에 유명한 대성당(Cathedral)이 있는 도시를 다녀 볼 계획이다. 런던은 잉글랜드 수도, 에든버러는 스코틀랜드의 수도, 카디프는 웨일즈의 수도, 웨일즈의 옛 이름은 지질 시대 구분으로도 유명한 캄브리아, 엑서터는 데본 주의 주도, 브리스톨은 옛날이 많이 남아 있는 대도시이다. 프랑스로 치면 스트라스부르의 느낌이다. 영국인들이 자기네가 노던 아일랜드까지 네 개의 연합 국가 United Kingdom 즉 UK라고 말하는 이유를 이해하겠다. 어쨌거나 생각해 보면 영어를 잘하지도 못하고 어학 실력이 크게 향상된 것도 아닌데 어디를 다닐 엄두를 내는 걸 보니 무섬증은 좀 줄었나 보다. 장족의 발전이다. 카디프에 가서는 1박하고 왔는데, 브리스톨은 시간 조정을 잘해서 당일치기로 갔더니 피곤하기는 해도 비용이 반으로 줄었다.

국적도 다르고 나이도 두 배나 차이 나는 Haruka이지만 성향이 좀 비슷하여 같이 다니는 데 거의 무리가 없었다. 그래서 새들도 같은 깃털끼리 모인다고 하는가 보다.

브리스톨 성당, 지질 시대를 보여 주는 브리스톨 아트갤러리, 배 보러 간다고 하면 사람들이 바로 알아듣는 Brunel's SS Great Britain. 여기는 커다란 배 한 척을 내부까지 옛 모습 그대로 재현하여 전시했다. 이 세 곳을 다 가고도 엑서터로 돌아가는 기차 시간이 세 시간이나 남았다. 다리가 아프길래 8번 시내버스를 타고 노선 따라 한 바퀴 돌아 탔던 자리에서 내렸다. 버스 창밖으로 내다보며 거리 구경을 하니 우리 같은 관광객들에게는 그 시간이 휴식이자 관광이었다.

기차역 근처 펍에 앉아 가벼운 저녁을 먹었다. 느긋하게 얘기하다 보니 오히려 기차 시간이 달랑거려 정신없이 뛰어갔더니 고맙게도 기차님이 연착해 주셨다. 영국인들이 자기네 기차는 On time하는 일이 없다고 투덜거리던데 이럴 땐 연착이 고맙다.

브리스톨에서 4.5파운드 주고 데이티켓(버스 기사님한테서 산다)을 사서 다섯 번 타고 그중 한 번은 내리지도 않고 종점까지 뱅뱅 돌았으니 진짜 효율 100퍼센트였다. Brunel에 갈 때는 선착장에서 조그만 배를 탔다. 우리나라 청계천보다 조금 더 큰 강(?)을 편도 1.8파운드를 내고, 올 때는 데이티켓으로 셔틀버스를 탔으니 어찌 뿌듯하지 않겠는가! 브리스톨역에서 대성당까지 택시 타고 6.7파운드를 낸 데 비교하면 너무 뿌듯했다. 브리스톨역에서 나와 바로 버스 타고 데이티켓을 끊었으면 되는데 몰라서 그리되었다.

말도 버벅거리는 두 아시안이지만 그래도 둘이라고 서로 의지가 되어 하루를 잘 다녀왔다.

▶ 6월 4일 **다시 개와 늑대의 시간에**

위도가 높아 여름에는 해가 일찍 뜨고, 늦게 지고, 서머 타임까지 실시하는지라 지금 시간이 밤 10시인데 이제야 어둠이 밀려오고 있다.
황혼이 지면 미네르바의 부엉이가 운다는 그 표현이 너무 마음에 들어서 고교 시절 학교 축제 때 나의 방송 프로그램에 일부 넣었었다. 음악이 흐르고 어둠에 침잠하여 지혜가 솟아나면 진정한 Sophie가 될 텐데, 엑서터의 Sophie는 이 시간이 속없이 좋기만 하다.

이제 4주 남았다. 정리 단계에 들어갔다.
엑서터 대성당을 두 번 더 갈 것이고 이번 주말에는 웰스(Wells)와 솔즈베리(Salisbury)의 대성당에 가려고 기차와 호텔을 다 예약했다. 현재까지 같이 갈 사람이 아무도 없다. 둘이 가면 재미있고 동시에 번거로워 동전의 양면 같다고 했더니 다이안이 공감해 줬다. 우리는 서로 조금씩 친구가 되고 있다. 완전 노인과 적당히 노인이라서 쉽게 이해되는 면이 있다. Dartmoore에 가 보면 좋을 텐데 거기는 자동차가 필요하고 대중교통과 도보로만 가자면 친구가 필요하다. 또 어디를 갈지 잘 생각해 봐야겠다. 엑서터 기준으로 영국의 남서부를 보고 싶다.

무작정 정해서 온 도시이지만 엑서터에 살아서 참 좋다.

▶ 6월 6일 회자정리

엑서터 어학원에 와서 이 말처럼 실감 나는 말이 또 없다.

매주 친하던 사람이 떠나고 새로운 학생들이 온다.

지난번 일본인 기요꼬가 갈 때부터 같이 저녁을 먹었던 로즈마리가 이번 주 금요일에 떠난다. 다정하고 푸근한 스위스 아주머니! 올케가 레스토랑을 운영하는데 식당 이름이 로즈마리란다. 둘이 많이 친하다고 했다.

나는 서양 사람들이 모두 개인주의가 강하여 친인척 간의 왕래는 없는 줄 알았다. 그런데 여기 와 보니 전혀 그렇지 않다.

많은 유럽인들이 친척 간에 서로 사이좋게 지내고 자주 만난다. 그래서 진짜로 가족이 소중하다.

로즈마리 본인도 직업이 있어 직업상 영어가 필요하여 영어 공부를 열심히 한단다. 내게는 예전의 간절한 꿈이었던 공부여서 지금 늦으나마 대체품으로 여기 와 있는데 이들에겐 내 상황을 설명하기가 쉽지 않다. 그래서 그냥 그럴듯한 이유를 하나 만들었다. 나중에 BnB 운영할 거라고.

공식적인 Farewell party가 없어 나하고 둘이 저녁을 먹기로 약속했는데 모임이 커져서 모두 7명이 모이게 되어 오히려 다행이었다.

Herbies라는 채식 레스토랑은 나와 로즈마리가 좋아하는 식당이다. 모두 오늘의 스페셜, Palia를 시켰는데 Palia는 스페인 요리 빠에야란다. 반가워서 얼른 시켰건만 이 집은 채식 식당이라 해산물이라고는 한 알도 없었다! 다소 실망스러운 메뉴지만 밥이 나온 것에 일단 만족하고, 어쨌거나 맞춤한 인원이 모여서 Farewell party로 딱 좋았다.

낮에 로즈마리가 어학원 리빙룸에 준비했던 간식으로 화제가 옮겨 갔는데 새벽에 일어나 빵을 직접 구운 거란다. 진정한 주부의 내공이다!

식사를 마치고 나는 이 집 크럼블(Crumble)을 좋아해서 내가 내고 싶다 했더니 모두 배부르다고 손사래를 쳐서 그럼 두 개만 시키기로 했다. 웨이트리스에게 당신 식당의 크럼블을 내가 좋아해서 이들에게 맛보이고 싶다고 했더니 곁들이는 메뉴가 두 가지 있는데 뭐가 좋으냐 묻는다. 너의 추천은 무엇이냐 했더니 커스터드 크림이라 해서 그걸로 두 개 주문하고 포크는 7개 필요하다 하니 웃으며 그러자고 한다. 이 모든 대화가 영어로 가능했다.

오! Sophie야! 많이 컸구나!
세월이 가면 늘긴 느는구나! 아무리 귀머거리여도!
장하다, Sophie 할매!

마지막에 진짜 감동은 로즈마리 아지매가 식사값으로 80파운드를 쾌척했다! 이 동네에서는 드문 일이다! 이러시면 안 된다고 사양했더니 자기의 마지막 저녁이라고 내고 싶단다! 내가 크럼블값으로 10파운드를 내서 젊은 아가들은 자기들 음료값으로 4파운드를 각자 내었더니 마지막엔 약 4파운드 남은 돈을 팁으로 주는 아름다운 마무리가 되었다!
깍쟁이 영국에서 드물게 보는 훈훈한 저녁이었다….

▶ **6월 7일 호기심**

대학 다닐 때 한 선배가 나더러 꿈동이라고 했었다. 하고 싶은 게 많다고. 그 꿈동이는 60세가 되어 엑서터에 와서 20~30대 아가들과 놀고 있다. 브라질에서 엄마와 같이 온 Allen은 〈Back to the future〉 팬이라서 SF 영화 이야기를 하면 척척 잘 통한다. 그래서 지난 화요일에 이래저래 6명이 모여 〈스타워즈 solo〉를 보러 갔다. 자막 없이 봐도 화면이 반은 먹고 가는 장르인지라 크게 힘들지는 않았는데 일행 중 두 사람은 이런 영화에 큰 흥미가 없어 시종일관 졸았단다.

나야 〈어벤져스: 인피니티 워〉도 좋아서 세 번이나 보러 간 사람이니 당연히 잘 보았지만, solo는 기대에는 다소 미흡한 영화였다. 그래도 다음 주 〈쥬라기 공원〉을 또 같이 보러 가기로 했다. 아카데미에 소문이 났는지 동행 희망자가 늘었다. 영화를 보고 싶어도 엄두를 못 낸 사람들이 생각보다 많았나 보다.

엑서터에 와서 삶의 본질에 대해 참 많이 생각한다.
그리고 어떻게 살지도 많이 생각한다.
또 취향이 같은 사람들은 이상하게 그냥 잘 통한다.

나이도, 국적도 상관없이.

20이 갓 넘은, 외모는 30을 넘긴 듯한 Allen도 그중 하나이다. 그리고 서양 아가들은 18~20살이어도 참 어른스럽다. 이들은 일상생활에서 호기심으로 다양한 경험을 해 보려는 에너지가 자연스럽게 남아 있다.

그냥 지적인 호기심이 충만하여 인간은 호모 사피엔스임을 느끼게 한다. 그에 비하면 우리 청년들은 똑똑하고 열심히 사는데도 생기가 없다. 꽉 쥐어짜여서 지적 호기심이 빠져나간 듯 보인다.

좋아서 하거나 호기심이 샘솟는 느낌보다는, 노는 것도 해야 하는 일의 수행 과정처럼 보인다. 휴식이 시급해 보인다.

어쨌거나 너무 가깝지도, 너무 멀지도 않은 포지션에서 앞으로도 아가들과 사이좋게 지내려고 말과 감정을 절제하느라 무지 애쓰고 있다.
조심하고 또 조심하는데도 불쑥불쑥 나서게 된다.

▶ 6월 8일 웰스와 솔즈베리

엑서터 대성당이 참 멋지고 좋아서 세 번이나 갔다. 그리고 이왕 영국에 온 김에 엑서터에서 가까우면서도 유명한 대성당들을 가 보기로 했다. 브리스톨을 비롯하여 웰스와 솔즈베리, 캔터베리, 윈체스터로 정하여 지난주에 브리스톨에 갔었고, 오늘과 내일은 웰스와 솔즈베리에 간다.

같이 갈 아가들이 없어 혼자 덜덜 떨면서 웰스로 갔다.

너무 멋지다! 정말 갈 만하다.

웰스는 well이 세 개라서 wells라 한단다. 도로 양쪽 좁은 수로에 물이 흐른다.

웰스 대성당은 가위 모양의 대들보가 유명하고 Scissors Arches라고 한다. 천천히 두 번을 반복하여 돌아보고 밖으로 나오니 멋진 정원이 있고, 수도자와 권력자들 것인 듯한 묘지가 있었다. 정원 벤치에 앉아 부드러운 바람을 맞으니 감동이 밀려왔다. 평생에 혼자 이렇게 어딘가를 찾아가 보는 것은 처음인 것 같다.
정말로 이역만리 먼 곳에서 나를 가만히 들여다본다.

웰스로 가는 버스는 브리스톨 템플미드역에서 쭉 걸어 나와 큰길에서 왼쪽으로 돌면 버스 정류장이 있고, 376번을 타고 웰스행 리턴 티켓을 달라고 하면 7.5파운드 받고 종일권을 준다. 그 표로 브리스톨로 다시 돌아와 시내를 종일 다녀도 된다. 벌벌 떨면서 어물어물, 물어물어 어쨌거나 웰스 대성당에 갔다가 다시 브리스톨로 돌아왔다.
브리스톨 템플미드역에서 솔즈베리 가는 기차 시간까지 약 3시간이나 남아서 시내버스를 타고 시내를 돌다가 브리스톨 브릿지에서 내렸다. 근처 이탈리아 레스토랑에서 저녁을 먹었는데 이렇게 맛있는 건 영국 와서 처음이었다. 상냥한 주인이 남은 것을 싸 줘서 내일 아침까지 걱정이 없다. 지난주에 왔었다고, 길 다니기가 훨씬 쉽다. 8시 22분 기차 타고 9시 30분에 솔즈베리에 내려 호텔을 겨우 찾아가니 하루가 다 갔다. 내일 솔즈베리 대성당은 어떤 모습을 하고 있을지 자못 궁금하다.

엑서터 일기 63

▶ 6월 9일 솔즈베리 대성당(Salisbury Cathedral)

오늘 아침도 눈은 5시 40분에 떴는데 침대에서 구르다가 10시가 되어서야 출동 준비를 하였다. 호텔을 저렴한 것으로 얻었더니 거의 모텔 수준인데 물가 비싼 나라인지라 여기도 9만 원이나 주었다. 혼자 온 게 차라리 다행이다. 같이 오려다가 못 온 고짱이 복이 많은가 보다. 불편을 피하여 가는 걸 보니.

어제 벨라비스타에서 싸 준 라자냐와 집에서 들고 온 사과, 복숭아로 아침을 먹으니 든든했다. 솔즈베리 대성당이 시내 가운데 있어 금방 찾아갔다. 위용이 하늘을 찌른다. 고딕 양식의 대명사답다.

대성당에 들어서자마자 Nave 가운데를 관통하며 새를 접어 매달아 놓은 것이 눈에 확 들어온다. Nave 양쪽으로는 줄지어 귀족들의 Tomb들이 있다.

아침 내내 타워 투어 신청이 안 되어서 성당 안내소에 물어보았더니 모바일로는 안 되고 컴퓨터로만 신청이 된단다. 11시 15분은 마감되고 12시 15분부터 있다 해서 기차 시간 때문에 포기하고 성당 안을 천천히 둘러보았다. 어제 웰스 대성당을 두 번만 돌아서 후회막급인지라 솔즈베리는 세 번을 돌아보았더니 훨씬 낫다.

대성당 뒷문으로 나가니 1차 대전 중 실종되거나 사망한 용사들을 형상화한 인형이 잔디에 하얗게 놓여 있었다. 겉으로는 독일과 잘 지내는 듯해도 곳곳에서 전쟁의 상처를 잊지 않도록 국민들을 일깨운다. 그리고 독일이라는 말은 한마디도 없지만 세계 대전 중에 distroyed 또는 dimolished되었다는 수동태적 표현을 사용하여 독일의 소행임을 밝히고 있다.

나이 먹고 아프고 그러느라 머리가 신통치 않게 된 이후로는 반복이 최고의 해결책이다. 성당을 두 바퀴째 돌 때, 초를 두 개 켰다. 어제는 우리 아이들 셋과 조카들을 위해 기도를 했는데 오늘은 우리나라의 민주주의와 평화를 위하여 초를 켰다.

멀리 있어 투표는 못 하지만 초라도 켜서 염원을 보태 보려고.

그리고 기도문을 적어 붙였다. 한국의 평화를 기원하면서.

솔즈베리에는 마그나 카르타 한 본이 보관되어 있다. 모두들 줄을 서서 장막 안으로 들어가서 보고 왔다. 줄 서서 보기에는 몹시 단순하나 이 한 장이 국민의 삶을 바꾸고 인류의 진일보 발전을 가져왔으니 자부심을 가질 만도 하다.

솔즈베리 대성당 카페는 거의 레스토랑 수준이다.

나는 샌드위치 하나, 스콘 두 개(하나는 내 거, 하나는 다이안 할매 거), 커피 한 잔을 테이크아웃으로 사서 잔디밭 한편 벤치에 앉아 먹었는데 엄청 맛있었다! 부드러운 유월의 훈풍이 불고 따뜻한 커피와 빵까지! 이럴 때 동행이 있으면 즐거움이 배가 될 텐데, 아쉽다.

배가 아파 한꺼번에 못 먹으니 브리스톨로 갈 때, 엑서터로 올 때, 샌드위치 하나, 스콘 하나 들고 종일 먹었다. 그래도 기차 안에서 한 시간 이상 앉아 있으니 배가 아프지 않아서 좋았다. 다음에도 테이크 어웨이해서 기차에서 천천히 먹어야겠다.

귀머거리라고 한탄을 했는데 시간이 지나니 쌓이기는 하나 보다. 혼자서 어쨌거나 하려는 거는 다 하고 다닌다.

브리스톨에서 엑서터 가는 기차 시간이 많이 남아서 무작위로 시내버스 타고 여기 갔다 저기 갔다 하며 기차 떠나기 전까지 돌아다니다가 엑서터행을 타고 돌아왔다. 돌아다니는 중간에 브리스톨 대성당 앞에 내려 다시 들어가 보았다. 브리스톨 대성당도 좋기는 하나 웰스, 엑서터, 솔즈베리는 최상급이다. 브리스톨에서는 대구에 계신 노인 두 분과 친정과 시댁의 형제들을 위하여 초를 켰다.
아무리 단체로 켜도 횟수가 많아져서 촛값이 만만치가 않다.
바람이 많은 속세의 사람들은 마음의 위안을 얻고 성당은 수입이 되니, 누이 좋고 매부 좋도록 대성당 곳곳에 초를 켜게 하나 보다.
기차에서 졸다가 세인트 데이비스역에 내리니 고향에 온 것 같다.
브리스톨도 좋고 카디프도 좋은데 나는 고즈넉한 엑서터가 제일 좋다.
집에 돌아와 주인장 할매에게 이래저래 경과보고를 하고 하루 종일 들고 다녀 짜부라진 스콘을 내밀었더니 부드럽게 웃는 품이 그래도 맛있다고 사 온 마음을 이해하나 보다.
좋은 곳을 다녀와서 좋고 모험이 성공하여 더욱 좋다.

▶ 6월 10일 엑서터 가톨릭 성당

피곤하여 연속 8시간을 자고 나니 일찍 일어날 수 있었다.
부지런히 준비해서 오전 미사에 갔더니 오늘은 미사가 조금 달랐다. 사제단이 입장하면서 성당 내부를 한 바퀴 돌더니 Nave 왼쪽 창 어느 스테인드글라스 아래 (오늘은 굵은 초가 켜져 있었다) 서서 향을 흔드시고 미사가 끝나고는 또 한 바퀴 돌면서 신자들에게 성수를 뿌려 주었다.
뭔가 특별한 의미가 있고 그 설명을 하셨는데 내가 알 듯 말 듯 못 알아들은 거다. 미사 중에도 사도신경과는 약간 다른 기도문을 낭독하였고, 고백기도(내 탓이오 내 탓이오…)는 그대로 했다. 이제 일정이 막바지에 오자 조금 감이 잡힌다.
미사가 끝나고 뒤에 두 할머니 중에서 더 젊은 할머니에게 이유를 물어보았다. 젊은 할매가 내 말을 얼른 이해하지 못하자 그 옆에 연세가 높은 할머니가 더 또록또록한 발음으로 깔끔하게 설명해 주셨다. 내가 또 편견을 가졌었다. 젊으면 더 잘할 것으로. 노할머니의 설명에 의하면 이 성당 이름이 Sacred Heart church인데 오늘은 이 성당의 Special day라 그렇단다.
특히나 신부님이 성수를 뿌린 것은 이 성당의 특별한 날이라 그리한 것이란다.

이제 엑서터 성당도 미사를 두 번만 더 오면 끝이다.
한국에서 왔다 하고 여기 미사에 온다 했더니 두 할머니가 다음에 또 보자고 하시던데 그것도 두 번이면 끝이다.

▶ 6월 13일 On Sale

어제 고스트 트립이 끝나고 피곤하여 눈물 콧물이 줄줄 흐르길래 금요일 수업은 결석할 거라고 금요일이면 그린란드로 돌아가야 하는 Tina와 작별 인사를 했다. 다른 이들에게는 선생님께 잘 말해 달라고 부탁을 하고는 들어오자마자 바로 씻고 잤더니 새벽 5시부터 쌩쌩하게 잠이 깨서 어학원에 가지 않을 수 없었다.

시간도 남아돌고 아침부터 이것저것 하다가 갔더니 오히려 시간이 촉박하여 급히 나갔다. 아뿔싸 1교시 숙제한 거며 프린트물이며 다 집에 두고 와서 공부는 공부대로 못하고 민폐는 있는 대로 끼쳤다. 원래는 데굴데굴 구르고 놀다가 시내 상가 구경도 하고 엑서터 대성당에서 브런치를 먹어볼 계획이었다. 원래 계획대로 땡땡이로 나갔으면 아무 문제가 없을 것을. 수업 마치고는 상가 구경을 갔더니 세상에나! 온천지에 On Sale이라 붙어 있었다.

백화점조차도 세일이 난무했다. 지난봄부터 째려본 옷이 30프로나 세일을 하여 간신히 사이즈 찾아 계산대로 갔더니 지갑이 없었다! 직원에게 미안하지만 좀 맡아 달라고 부탁하고는 지갑을 가지러 가면서 온갖 생각이 다 났다. 잃어버린 놈이 더 나쁘다고, 오만 상상이 되면서 온 주위에 의심이 들었다.

다행히 지갑은 책상 위에 있었고 헉헉거리며 다시 계산대 앞에 섰더니, 내가 고른 것은 겨울옷이라 진작에 세일되어 붙은 가격 그대로란다!
오 마이 갓! 나는 왜 한 달을 기다렸나!
또 나오기도 그렇고 사이즈는 자꾸 빠져나가서, 사고 싶었던 것들로 한 보따리 채워서는 대성당 카페에 혼자 앉아 크림티를 시켰다. 어이가 없다. 잘난 척 이리저리 머리 굴리더니 아무것도 아닌 헛소동이었다.

▶ 6월 14일 진정한 용기

어제저녁에 Oden에 가서 〈Jurassic Park〉를 보고 일행과 함께 일본 식당(일식과 중식을 판다)에 가서 카레를 먹었는데 집에 오기가 무섭게 설사로 다 내보내 버렸다. 아무리 생각해 봐도 문제 될 만한 재료가 없었는데 혹시 인공 조미료가 과하게 들어갔나 하는 의혹이 생긴다.

요즘은 나의 배가 식재료의 건강성을 측정하는 바로미터이다.

늦게 들어온 데다가 복통까지 겹쳐 아침에 어찌나 피곤하던지 결석을 할까 말까 한참 망설이다가 좀 늦게 가는 걸로 스스로 합의하고 두 번째 시간에 들어갔다.

어쨌거나 가니까 공부도 하게 되고 끝나고는 남아서 5시까지 자습을 했다. 점심시간에 다른 친구들과 농담 삼아 말했지만, 문법을 다 알면 뭐 하나 정작 써야 할 때는 잊어버리고 말은 버벅대는데. 그래서 오늘부터는 교실에 남아서 자습하지 않고 마당 잔디 위 테이블에서 소리를 내며 읽기로 했다. 남은 날이 열흘 남짓하니 그때까지라도 소리 내어 읽어 가면서 하면 도움이 되겠지. 이번 주 문법 시간에는 학생들이 신청한 내용으로 하겠다고 하길래 나는 가정법을 해 달라고 했다. 내용은 알고 있지만, 연습이 부족하여 정작 말할 때는 실타래같이 얽힌다.

적당히 흐린 날에 초록 잔디에 앉아 가정법 공부를 했다.

오늘 받은 과제 중에 과거의 유감스러움을 묻는 게 있었다.

If I hadn't worked too hard, I could have gotten my job longer.

다른 이들이 다 가고 난 다음에도 교실을 떠나야 하는 5시까지 더 있다가 마지막에는 밖으로 나와 아카데미 마당에 앉아 나에게 음악을 선물했다.

주먹만 한 스피커에서 유튜브로 찾은 음악이 잔디밭 가득히 흐른다.
존 레논의 〈Imagine〉과 안드레아 보첼리와 셀린 디온의 〈The prayer〉를 들으니 참으로 좋다. 이런 고즈넉하고 우아한 동네에서 보내는 이 시간이 좋다.
응원해 주는 가족, 형제, 친구들에게 감사한 마음이 절로 일어난다.

그러나 현실은 늘 환희와 보람이 넘치는 시간만 있지는 않다.
오히려 살얼음 밟듯 살면서 거의 매일 고통스럽게 묻는다.
왜 왔냐고. 왜 공부하고 있냐고. 쓸데가 있냐고.
나는 엄혹한 현실에 직면해서 나를 똑바로 보아야 한다.
몸은 부실하여 수업 마치면 다른 거 해 볼 엄두도 못 내고, 나이는 많아서 다른 아가들과 어울릴 때는 민폐 끼치지 않으려고 조심해야 하고, 와야 할 이유도 없이 그냥 오고 싶었기 때문에 온 것이고, 공부해서 쓸데없고, 쓸 만한 실력도 안 되고, 나의 남은 날이 얼마나 될지는 더욱 가늠할 수 없다고.
그래서 내게 용기가 필요하다.
나를 똑바로 보고, 있는 그대로 받아들이고,
그럼에도 절망하지 않고 앞으로 걸어 나갈 진정한 용기가.

텅 빈 잔디밭에 음악이 흐르니 한순간의 음악과 한 줌 꽃향기가 더러는 긴 시간을 견디게 한다.

▶ 6월 15일 **Ghosts & Regends trip**

새벽 5시다.
어젯밤에 너무 피곤하여 오늘 일정을 망칠까 봐 들어오자마자 샤워하고 바로 누웠더니 지금은 오히려 말짱하다.
어젯밤에 고스트 트립을 갔었다.
예전에 에든버러 갔을 때도 고스트 버스가 있더니 여기도 고스트 트립이 있다.
저녁 7시에 엑서터 대성당 앞에 모여서 Red coatman을 따라 한 시간 남짓 다니며 시내 중심 곳곳의 오래된 건물에 대한 설명과 약간의 오싹한 이야기를 들었다. 이번에도 Red coatman으로 할아버지가 나오셨는데 깔끔한 발음과 천천히 말을 하니 다들 잘 알아듣는 눈치였다. 나는 농담 포인트에 웃지 못하는 난감함은 있었으나 전체적인 맥락은 좀 알아먹었다. 자세히 알아듣지를 못해 오히려 고스트가 전혀 무섭지 않다는 장점도 있었다.
대성당을 중심으로 곳곳에 남아 있는 오래된 건물을 둘러보며 평소 무심히 지나가던 장소를 다시 이해하고 춥지도 덥지도 않은 계절에 산책 삼아 다니기 아주 좋았다.
또 하나 좋은 것은 버거킹에서 제일 작은 것으로 달라고 했더니 0.99파운드짜리를 주었다! 가격도 양도 너무 착하다.
이 동네에서 나온 유물, 유골들이 다 로얄 알버트 뮤지엄으로 갔다 하니 오늘 오후에 다시 가 봐야겠다.

▶ 6월 16일 기차는 떠나고

오늘은 Bath에 가려고 기차표를 예매해 두었다. 브리스톨을 두 번이나 갔더니 브리스톨 가는 것 정도는 누워서 과자 먹기 수준이 되었다. 아침 9시 23분 기차로 세인트 데이비스역에서 출발하여 브리스톨 템플미드역에서 내려 버스 타고 가려고 집에서 일찍 나갔다. 4파운드나 주고 종일권을 끊어서 하이스트리트에 있는 쁘레따망쥬에 들렀다. 커피랑 샌드위치를 주문하면서 지갑을 찾았더니 아이쿠야! 또 지갑을 두고 왔다. 돈이 없으니 갈 수가 없고 집에 갔다 오면 기차는 떠난다.

미안하다면서 가게에서 나와 집으로 돌아갔다. 어찌나 열불이 나던지 머리에서 김이 모락모락 났다.

어제도 그러더니 이틀 연속 이런다.

집에 돌아오니 다이안 할매가 웬일이냐며 놀라셨다. 자초지종을 듣더니 집에서 쉬라고 한다. 그야말로 기차는 떠났고, 만사를 포기하며 집에서 종일 데굴거렸더니 지금은 컨디션이 아주 좋아졌다.

나이가 들면 하루에 한 가지만 하기, 천천히 하기 주문을 외워야 할 것 같다.

잠시만 방심하면 바로 실수가 나온다.

▶ 6월 17일 운수 나쁜 주간

오늘은 일요일.

어제 모든 계획이 망쳐지는 바람에 오늘은 산뜻한 하루를 보내 보리라 결심하였다. 아침에 일찍 일어나 가톨릭 성당 카페에 가서 크림티를 마시며 우아하게 책을 보다가 미사에 참여하고, 미사가 끝나면 엑서터 대성당을 천천히 둘러본 후 맛있는 점심을 먹고, 로얄 알버트 뮤지엄을 돌아보고, 산책 삼아 천천히 걸어서 집에 가기!

새벽에 너무 일찍 잠이 깨서 뒤척이다가 오히려 예상보다 한 시간 늦게 외출 채비가 끝났다.

날씨가 어처구니가 없다. 하지가 내일, 모레 하는 여름인데 발이 살짝 시리다. 할 수 없이 그저께 사 온 두꺼운 레인코트를 입고 길을 나섰다. 한국에서는 6월에 아무리 비바람 불어도 이 정도 레인코트를 입으면 쪄 죽는다고 난리도 아닐 것이다.

어렵게 알아 둔 성당 카페는 본당 옆 건물 지하에 있는데 갔더니 문이 닫혀 있다.

1부 미사가 끝나야 개점하는가 보다.

날은 춥고 갈 데는 마땅찮아 되돌아서 엑서터 대성당 앞에 있는 나의 애정하는 찻집 Tea on the green에 갔다. 야외 테이블에 앉아 얼그레이를 시키려 했는데 입에서 커피가 먼저 튀어나와서 할 수 없이 커피를 마시게 되었다. 커피 한 모금 마시는데 갑자기 일진광풍이 불더니 비가 후드득 내린다. 아침부터 호기심 천국 Sophie는 왜 철딱서니 없이 성당 카페를 가 볼 거라고 궁금증이 발동해서 오락가락 이 난리를 치나! 비가 뿌리니 도저히 더 있을 수가 없는 지경이었다. 미사 시간도 거의 다 되어 피 같은 커피를 두고 성당으로 향했다.

오늘은 미사 절차가 또 달라졌다.

그리고 지난주에 만났던 할머니들과 반갑게 인사를 하였다. 엑서터 와서 누군가를 아는 척하기는 처음이다. 마음이 푸근해진다. 이웃이 생기고 친한 이가 있다는 게 바로 사람 사는 맛인가 보다.

미사가 끝나고 엑서터 대성당에 또 갔다. 오늘로 네 번째 방문이다. 여기 있는 동안 다섯 번 가 보려고 한다.

역시 멋진 건축물이다! 대성당 성물가게에 들러 예정에 없이 책을 또 한 권 샀다. 내가 생각해도 나는 좀 이상하다.

《라틴어로 된 비문을 읽는 데 도움이 되는 책》이라는 제목의 묘비명에 주로 표기되는 라틴어들을 설명하는 책이다

조그만 책이 무지하게 비싸서(13.9파운드!) 남은 돈으로 코딱지 크기의 한 권에 5파운드짜리 공책을 사고 나니 가져간 돈을 다 써 버려서 점심이고 커피고 엄두도 못 낸 채 비바람 부는 추운 길을 터덜터덜 걸어갔다. 집에 도착하니 날씨가 개기 시작했다.

지금은 햇빛이 화창하다!

▶ **6월 18일 새로운 반**

이번 주부터 선생님들이 다 바뀌고 반도 새로 편성되었다. 대체로 7월이 되면 유럽 학생들이 대거 몰려와서 학급당 인원수가 최대 12명이 된다고 한다. 어학원도 성수기를 맞는 셈이다.

바빠지기 전에 선생님들이 번갈아 휴가를 앞당겨서 가느라 이리저리 담당 교사가 바뀌게 된다. 우리도 Grammar 선생님이 2주간 휴가 가느라 다른 여자 선생님으로 바뀌었다. 전형적인 서양 미인인데 연세가 있어 금발이 고운 백발로 변해 가는 중이고 상냥하고 우아하다. 평소에 복도에서 지나칠 때 인상이 좋아서 어떤 분이실까 했는데 역시 좋은 분이다. 그러나 고운 목소리로 나직나직 이야기하는 바람에 나는 말귀를 알아듣기가 힘들었다. 영어도 못 듣지만, 나이를 먹고 체력이 떨어져 청력에 문제가

있다 보니 듣는 일이 예삿일이 아니다.

두 번째 시간인 읽기 쓰기도 선생님이 바뀌었다.

멋쟁이 한국 청년 C가 가고 나랑 Mini 둘만 배우게 되었다. Norman 선생님은 생각을 말로 정리하도록 지도해서 꼭 과외 공부하는 것 같았는데 그분은 아래 반으로 내려가시고 나의 지난달 읽기 쓰기반 선생님이 들어오셨다!

열심히 가르치고 사람도 좋은데 읽고 쓰기에서 우리말로 치면 맞춤법 교정에 주력하는지라 2프로 부족한 면이 있었다. 그래서 기를 쓰고 한 단계 올려 달라 떼써서 올라왔더니만 달랑 2주 지나고 도루묵이 되었다.

그리고 말하기 듣기반에서 Pall 선생님이 3명을 한 단계 올려 주셔서 나도 반이 올라가게 되었다. 그러나! 담당 선생님이 2교시 말하기 듣기 선생님이다!

Pall은 유능한 교사라서 반 친구들이 살짝 짜증 나도 지낼 만했는데 승급해서 올라왔더니 어찌하여 피해서 온 분이 2 class를 연속 가르치나!

그런데 이분이, 말하기 듣기 시간에는 정해진 과정대로 훈련시키니 오히려 나았다.

오늘은 하루 3 class가 끊임없이 반전의 연속이다!

▶ **6월 20일 아침 풍경**

주인 할매 다이안이 점심 도시락으로 늘 싸 주던 샌드위치에 스시를 하나 더 넣어 주었다. 밥을 좋아하는 걸 알고 모리슨 슈퍼에 갔을 때 눈에 띄어 사 온 것 같다.

솔직히 말하자면, 그 마음은 참 고마우나 슈퍼 냉장고에 들어 있던 영국

식 스시가 집 냉장고에서 또 나를 기다렸으니 그 땡글땡글한 밥을 스시라고 먹기엔 좀 그렇다.

새끼손가락 크기의 초밥이 6개 들어 있는데 점심으로 샌드위치와 초밥까지 먹으면 거의 죽음일 테고, 아침으로 먹으면 식후에 20분은 족히 꼼짝 말고 앉아 있어야 하겠기에 다 싸 들고 어학원으로 갔다.

거의 30분을 일찍 나갔더니 걸어가는 길의 풍경이 달랐다. Secondary school(우리나라 중고교) 학생들이 단정한 교복 차림에 불만족한 표정으로 걸어간다. 여느 때 내가 가는 시간엔 젊은 엄마들이 유치원, 초등학교 저학년 수준의 아가들을 몰고 가는데.

아카데미 잔디밭 테이블에 앉아 커피 한 잔 뽑아 초밥을 먹으며 프린트물을 읽었다. 바람이 불어 적당히 선선한 날씨에 거의 생쌀 느낌의 초밥이긴 하지만 준 사람 성의가 보태어져 그도 먹을 만했다. 그리고 커피가 지금을 더욱 느긋하게 해 줬다.

그런데 그때부터 등교하던 학생들이 모두들 Sophie 할매 공부 열심히 한다고 놀라면서 자기네들끼리 얘기가 와자지껄했다.

배가 아파, 아침 먹으려고 일찍 온 사정은 모르고 고작 10여 분 일찍 와서 앉아 있었건만, 우선 보기에는 공부하는 것만 보이니 거의 밤새워 앉아 있었다는 전설이 생길 수준이다. 이래서 '카더라' 통신이 생기나 보다. 일일이 말하기도 귀찮고 그냥 열공 할매 전설이 되기로 하였다.

▶ 6월 21일 **Organ Recital**

오늘은 일 년 중 가장 긴 하루, 하지!

스톤헨지에서는 오늘 밤 사람들이 모여 함께 밤을 새고 내일 새벽을 맞이한단다.

얼마나 멋지냐.

전설의 땅에서 새벽에 떠오르는 해를 본다면!

스톤헨지가 주변보다 살짝 높아서 해 뜨는 모습이 장관일 듯하다.

엑서터 대성당에서는 오늘부터 Summer Organ concert 시즌이 시작되어 대성당 내에서 파이프 오르간 연주를 한다길래 예약해 두었다. 그런데 공교롭게도 아카데미에서 오늘 6시부터 8시까지 피자 파티를 한단다. 시간 있는 학생들은 음료수만 각자 준비해 와서 공짜 피자도 먹으며 즐겁게 시간을 보낸다고 한다.

하여튼 팔자에 공짜라고는 냉수 한 그릇도 안 생기는 것 같다.

연주회 드레스 코드에 맞춰, 서울에서 가져간 원피스에 진주 목걸이까지 걸었더니 허세 작렬, 제법 그럴듯했다.

연주 시간보다 두 시간 정도 일찍 도착하여 대성당 바로 앞 레스토랑 야외 좌석에 앉았다. 지난번 일본 친구 기요꼬가 떠나기 전날 로즈마리, 시몬과 함께 왔을 때 음식은 좋은데 실내석에 앉았더니 귀가 울려서 정신이 혼미했던 경험이 있어 바람도 좋은 오늘은 바깥에 앉았다.

두 가지 코스 세트 메뉴 중 스타터로는 아스파라거스, 메인은 얇은 스테이크를 커피와 함께 시켜서 한껏 우아한 표정을 지으며 천천히 먹고 있었다. 아스파라거스를 좀 먹은 데다 고기가 얇긴 해도 약간 질겨 천천히 꼭꼭 씹고 있는데 갑자기 눈앞에서 뭔가 화다닥거리고 사람들이 탄성을 지르는데 순간, 내 고기가 없어졌다!

정신을 차려 보니 고기는 갈매기가 낚아채서 유유히 날고 있었다.

식탁엔 감자칩이 널브러져 있다.
우습기도 하고 큰 고기를 한입에 넣은 갈매기 녀석이 걱정스럽기도 하여 입을 벌리고 하늘을 쳐다보는데 상냥한 점원 아가씨가 와서 고기를 다시 가져다주겠단다.
사람들은 모두 고기 잃은 나를 흥미진진하게 쳐다보았다.
마침 배도 꽉 찬 터라 괜찮다고 감자 칩만 조금 더 주면 좋겠다고 했는데 굳이 스테이크를 새로 가져다주었다.
영국에서는 갈매기들한테 음식 뺏긴 얘기가 많다. 아이스크림도 쏙 빼 간다고 한다. 한바탕 소동을 치르고 연주회에 갔더니 노인부터 초등학생까지 백여 명이 왔다.

파이프 오르간 연주를 이 멋진 성당에서 듣다니!
소리가 하늘에서부터 내려오는 듯했다. 어쩌면 이것이 내 생애에 대성당에서는 처음이자 마지막으로 듣는 정통 파이프 오르간 연주일지도 모른다. 가장 최적화된 공간에서, 바흐의 곡도 연주하였다.
바흐가 오르간 연주자라고 해서 초등학교 교실에 있는 오르간을 상상했었는데,
사실은 파이프 오르간 연주자였나 보다.
멋진 공간에서 듣는 멋진 연주였다.
갈매기에게 뺏긴 고기가 전혀 아깝지 않았다.

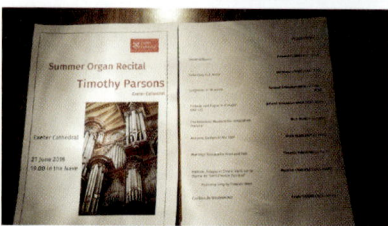

엑서터와 헤어질 준비

▶ **6월 22일 정리: 7일 전**

이제 딱 일주일 남았다.

약속된 12주 중에서 11주가 지나고 일주일이 남았다.

그동안 알게 모르게 많은 변화가 있었겠지.

1. 머리카락이 자라고, 파마가 풀리고, 염색이 거의 빠졌다. 이 동네에서

는 나 같은 붉은 갈색을 빨강 머리라고 했다.
2. 무작정 오고 싶었던 엑서터에 와서 좋고 엑서터가 적당히 고전적이면서 정도껏 깍쟁이 같아서 좋다. 그 깍쟁이들이 무섭지 않아졌다.
3. 아주 어릴 때, 빨간 벽돌 이층집 딸이기를 바랐었는데 다이안의 집이 빨간 이층집이다. 나는 착한 학생같이 학교와 집을 말썽 없이 다니고, 해 질 녘이면 그 이 층 방 창가에서 불을 끈 채 음악을 듣고 있다.

그리고 남은 일주일,
그동안 아쉬웠던 틈새를 메워 볼까 한다.

오늘은 Northern brook aproach에 혼자 갔다.
영국식 골프 어프로치 연습장이다.
어제부터 버스 일주일권을 샀기 때문에 아무 데나 몇 번이고 버스를 타고 내려도 되니 자신 있게 버스를 탔다.

결코 골프를 잘 치거나 골프를 엄청 좋아하지는 않는데 단지 영국의 골프장이 궁금하여 한 번은 가 보고 싶었다. 영국도 골프장은 도시 외곽에 있어 차가 필요한지라 운전 잘하는 다이안에게 골프장 클럽 하우스에서의 식사를 제안하면서 지안과 셋이 엑서터 근교에 있는 골프장을 찾아갔었다. 여기도 정규 홀은 우리나라처럼 팀으로 예약하란다. 포기를 모르는 Sophie 할매는 꿩 대신 닭으로 어프로치 연습장을 찾아보았다. 버스로도 갈 수 있는 곳에 있는 이 어프로치 연습장을 지난달에 왔을 때는 겨울 폭풍 때문에 망가졌다고 문이 닫혀 있었는데 오늘은 운영하고 있었다. 채도

7번 아이언 하나와 퍼터를 빌려주었다.

착한 가격 5.94파운드에 채까지!

오랜만에 잡아 보는 클럽아, 반갑다!

여주 집 마당 수준으로 막 자란 잔디 사이를 이리저리 헤매다가 끝날 때쯤 되니 겨우 감이 잡혔다.

장하다 Sophie야, 여기 찾아올 줄도 알고.

징하다 Sophie야, 여기까지 기어코 찾아오다니.

열망을 가지면 자그마하게라도 이루어지는 것 같다.

살면서 절대 좌절 금지! 그리고 한 걸음 한 걸음 걸어가자.

▶ **6월 23일 정리: 6일 전 - Widecombe**

오매불망 노래하던 Dartmoor national park를 드디어 갔다 왔다!

여기 온 초반부터 가 보려고 이리저리 알아보니, 날씨가 좋아야 한다, 혼자는 좋지 않다, 차가 있어야 한다 등등 갈 수 없는 이유가 101가지는 되었다.

혹시나 운전할 일이 있으려나 해서 영국 올 때 국제 면허증을 준비해 오기는 했다.

운전 경력 30년이면 좌우가 바뀌어도 한적한 공원길이야 가겠지. 그러나 렌터카 회사 가서 말하는 것도 아득하고, 혼자서 가기에는 렌트 비용도 아까운 데다, 남의 나라 황야를 혼자 가기는 더욱 망설여졌다. 비용도 내가 내고 운전도 내가 할 수 있지만 그렇게까지 하면서 같이 갈 이쁜 일행 찾기도 쉽지 않았다.

지성이면 감천이라고.

Paul 선생님이 5월 26일~9월 15일까지 토요일에만 하루 딱 네 차례 운행하는 버스가 있다고 알려 줘서 세인트 데이비스역에서 기차를 타고 Newton abbot역까지 가서 역 앞에서 버스 타고 위드콤으로 들어가기로 했다.

어학원 학생 중에서 총 6명이 같이 가기로 했다.

스위스인 두 명, 체코인 한 명, 일본인 한 명, 한국인 두 명으로 국제 탐사단이 꾸려졌다. 여기저기에 어찌나 조언을 구했던지 모든 선생님의 온갖 정보들이 다 보태어져 의견이 구구하기를 이루 말로 다 할 수 없었다.

위드콤이 조그만 마을(Village 또는 Town)이냐 했더니 모두들 극구 아니라고 손사래 치는 걸 보아 얼마나 작은지 감도 안 잡힌다.

마을이 워낙 작아 할 게 별로 없다며 한 정거장 미리 내려서 한 시간 정도 걸어가는 편이 좋다고 아이샤 선생님이 알려 주셨다. Hator moorland house라고 하는 곳에서 내려 걸어가기로 하고 Visiter center에 가서 지도를 얻으며 조언을 구했다.

Red line은 More interesting, longer. Blue line은 Shorter, less

interesting이라길래 모두들 만장일치로 Red line을 가기로 했다.
Haytor는 특이한 바위가 솟아 있는 곳이다.
워낙 산이 없고 주로 구릉 지대인 영국은 이 정도만 해도 특이한 지형이었다. 깊은 산이 익숙한 한국인에게는 산책 삼아 걷기 좋은 길이고, 스위스인에게는 어이가 없는 산이었다.
어쨌거나, 좋은 날씨에 하늘은 푸르고 산들바람은 부는데 야생의 말들은 점잖게 서 있으니 모두 즐거워하며 걸어갔다.
처음에는 편안한 산책로 같더니 Haytor 가서 Red line으로 들어서고는 길이 가파르고 험해졌다.
걷고 또 걷고 또 걸어도 끝이 안 보였다.
우리는 길을 잃었다!
물어물어 겨우 위드콤에 도착하니 벌써 14시!
9시 50분부터 걸었는데.
Newton abbot역으로 돌아 나가는 버스는 14시 31분과 17시 1분에 있다. 원래 계획은 14시 31분에 나가기였는데 14시에 도착해 보니 마을은 너무 예쁘고 체류 시간은 턱없이 부족해서 다들 더 머무르기를 원했다.
그렇지만 나는 쓰러질 지경으로 피곤하여, 갈등하는 일행들에게 "Don't mind."를 부르짖으며 혼자서 14시 31분 버스를 타고 나왔다. 위드콤 마을 카페에서 커피 한 잔을 채 못 마시고 가져간 보온병에 남은 커피를 부어서.

갔던 길을 되짚어 돌아와 집에 들어오니 다이안이 왜 이리 일찍 왔냐고 놀랐다. 자초지종을 다 듣더니 "Oh dear!"를 연발한다.

"I am not sure my legs will work tomorrow."라고 했더니 격하게 공감한다.

진짜 그렇다. 처음에는 오른쪽 무릎이, 다음은 왼쪽 무릎이, 마침내 오른쪽 발목까지 시큰거려 죽는 줄 알았다. 할매티 날까 봐 아픈 내색도 못 하고. 어쨌거나 위드콤은 한 번은 가 볼 만하게 이뻤고 Dartmoor는 참으로 좋았다.

Dartmoor는 그냥 야생이 무엇인지 보여 준다.

결국 꿈은 이루어진다, 포기하지만 않으면.

▶ 6월 25일 정리: 4일 전

오늘은 Sophie의 어학원 마지막 주의 첫날.
오늘부터는 모든 시스템이 정리 모드로 들어간다.
일단 아침에 평소보다 일찍 갔더니 내가 1등이다!
잔디 위 테이블에 런치 박스를 꺼내 아침으로 챙겨 온 달걀과 서양배 한 개, 비스킷 한 개를 커피와 먹었다. 한국에서 가져온 조그만 라디오와 작은 스피커를 연결해서 BBC 클래식에 맞춰 두었다. 아침이라 가벼운 음악이 흘렀다.
〈노래의 날개 위에〉. 고교 시절 방송반 피디라고 꺼떡거리고 다니던 때, 내 음악 프로의 시그널 뮤직이었다. 졸업하고 중년의 아줌마들이 된 방송반 친구들과 만나서 얘기한 것 중에서 방송반 안 하고 오로지 공부만 열심히 하는 것과 방송반원 되는 것 중에서 만약 다시 고교 시절로 돌아간다면 어떤 선택을 할 거냐는 얘기를 하다가 우리 셋은 이구동성으로 또다시 방송반을 하겠다고 입을 모았다.
그리고 저 작은 라디오를 보면서 인생에는 공짜로 얻는 것도 없고 헛되기만 하지도 않다는 걸 느끼게 된다.
거의 20여 년 전 일본으로 지질연수 갔다 올 때 시어른께 선물로 소니 라디오를 사 드렸었다. 그 당시 내 형편에는 좀 센 가격이었지만 퇴직하시고 늘 라디오를 들으시길래 어디서든 들으시라고 와이셔츠 주머니에 들어갈 만큼 작은 것을 사 드렸는데 그 어른은 가시고 라디오가 내게 돌아왔다. 말씀은 없으셨으나 눈길에서부터 애정이 가득하시던 그 어른이 가끔은 사무친다. 손가락 두 마디 정도 되는 꼬꼬마가 성능이 참 좋다.

2교시 마치고 선생님에게 마지막 주간이라 시간이 필요해서 오후 수업은 들어가지 않겠다고 얘기했다. 2, 3교시가 같은 분이라 양해를 구하기가 맘 편했다. 점심을 먹고는 발걸음도 가볍게 나갔다. 딱히 할 것도 없는데 땡땡이는 늘 즐겁다.

Odeon 영화관에 가서 마지막으로 영화를 보았다. 제목이 〈Book club〉인데 당연히 못 알아들었지만, 화면 보면 뭔 말을 하는지 정도는 다 아는 나이인지라 볼만했다.

내일은 Cockington에 가 보려고 기차역 하나를 새로 확인하고 왔다. 집에 와서 다이안에게 이야기하니 모르는 역이라고 한다. 역명은 St. James 역인데 간이 정거장 같다. 플랫폼이 딱 두 개밖에 없다.

▶ 6월 27일 정리: 2일 전 - 저녁 식사

이번 주에는 아카데미 학생 중 나를 비롯하여 4명이나 떠나게 되어 내일 Farewell party를 한단다. 다 모여서 같이 저녁 먹고 즐겁게 이야기하다가 헤어지는 것도 좋지만 그중 친했던 사람들과 작은 모임으로 만나서 소소한 이야기를 하고 싶었다. 오늘 따로 몇 명을 초대했더니 다들 일이 있다 하고 Mini와 체코인 Helena가 시간이 된다 해서 지난번 갈매기에게 스테이크 빼앗긴 식당으로 가서 이번에는 안으로 들어가 자리를 잡았다. 이 집은 프랑스 식당인데 전국적 체인이고 상당히 가성비가 좋은 식당이다. Mini는 지난번 내가 시킨 것처럼 아스파라거스와 스테이크를 시키고, 나는 Baked cheese와 아스파라거스를 주문하고, Helena는 생선 요리와 토마토 샐러드를 시켰는데 다들 자기 요리에 만족했다. 구운 까망베르. 치즈를 어찌 굽나 했는데 아주 맛있다. 뭔지 모르고 하얀 부분을 억지로 칼로 잘라 씹었더니 그건 종이였다.

식사비를 내가 계산한다고 했더니 Helena가 의아해한다. My pleasure 라고 해도 좀 갸우뚱이다. 워낙 각자 계산이 체질화된 사람들이라 Invite 라고 미리 말했는데도 무슨 의미인지 몰랐나 보다. 사실 제일 좋기는 지난번 지안이나 Y와 C가 갈 때처럼 집에서 밥해서 같이 먹는 게 좋은데 우리 주인 할매 까칠한 성격에, 또 그렇게까지 할 만큼 친한 사람도 없고 해서 밖에서 먹었다. 밖에서 먹으니 편하기는 세상 편하다. 저녁 먹고 헤어져 집에 와서는 내일 아카데미에 가져갈 과일을 씻고 짐 정리를 하였다. 덜덜 떨면서 짐 풀던 때가 엊그제 같은데 벌써 돌아갈 시간이다.

나이를 먹어 그런지 이젠 좀 피곤해서 집에 가고 싶다.

젊은 아이들은 돌아가기 싫어 운다던데….

▶ 6월 28일 **정리: 1일 전**

시간은 또닥또닥 흘러서 내일이면 떠난다.

오늘 아침에 짐이 많아 주인 할매가 아카데미까지 차로 데려다주었다.
어제, 친구들과 선생님들을 대접하려고 과일과 비스킷을 샀더니 무거워서 차로 태워 준 거다. 할매 표정이 '야가 또 왜 이러나' 딱 그 표정이다.

여하튼 차도녀다. 오늘 아침도 아카데미 정원에 앉아 커피 한잔과 아침을 먹었다.

오늘은 특별히 사라 브라이트만의 〈오페라의 유령〉과 셀린 디온의 〈My heart will go on〉 그리고 박기영의 〈넬라 판타지아〉를 들었다. 모두 너무 좋은 곡이다!

브레이크 타임에, 가져간 간식을 사무실의 리디아가 예쁘게 담아 주었다. 친구들과 스태프들이 모두 좋아하니 애쓴 보람이 있다. 어젯밤 과일을 씻으면서 먹어 보니 다 맛이 괜찮아서 마음이 놓였었는데 다행이다. 다른 친구들이야 대부분이 학생들이라 간식 준비 이런 거 없이 그냥 가기가 예사지만 Sophie 할매는 엄마니까 요 정도는 해야 하지 않나 생각한다.

그동안 친구처럼 대해 줘서 고맙고 큰 힘이 되었다.

선생님들도, 사무실 리디아와 피오나도 상냥해서 친절한 게 이토록 다른 이들에게 힘이 되는구나 깨닫게 해 주었다.

Sophie라는 이름도 잘 지내는 데 한몫한 것 같다.

유럽에서는 어린 여자애들 이름에 소피, 소피아가 많단다. 친근하고 부르기도 쉽고. 같은 한국인들에게는 별명처럼 느껴져 스스럼없이 불러 준다. 본명을 부르라 했으면 어쩐지 무례해 보여 어려워했을 덴데.

어쨌거나 날들은 흘러가고 떠날 사람은 떠나야 한다.

행복하고 감사한 시절이었다!

납작 복숭아를 많이 그리워할 것 같다.

▶ 6월 29일 **정리: 0 - 다시 런던**

드디어 엑서터를 떠났다. 역시나 예상대로 온갖 난리를 치면서.

어제는 아카데미 전체의 Farewell party라서 나를 비롯하여 모두 5명이 이번 주에 떠난다. 처음부터 같이 시작한 체코 미녀 Helena, 다트무어에 같이 간 두 스위스인 그리고 일본인 Mai까지. 중국집에서 모두 머리를 있는 대로 굴려 주문하였건만 썩 신통치 않았다. 중국 음식은, 역시 한국에 있는 중국집에서 먹어야 제일 맛있다.

중간에 어찌나 피곤하던지, 미안하다고 거듭 사과를 하고는 먼저 일어나서 집에 오는데 갑자기 배가 뒤틀려 걸을 수가 없었다. 진땀을 흘리며 가다 서다 하면서 오는데 거의 도착할 무렵엔 상태가 심상치 않았다. 기가 막힌 상황이 연출될 듯한 예감이 들어, 이를 악물고 참으며 뛰어 들어가 화장실로 직행했다. 1분만 늦었어도 엑서터 신문에 날 뻔했다. 지난번에도 그러더니 이번에 또 중국 음식을 먹고 속이 좋지 않았다. 가슴을 쓸어내리며 핸드폰을 충전하려고 보니 영국에서 쓰는 핸드폰 Sophie 폰이 없다! 중국집에 두고 온 것이다.

내일 아침 8시에는 버스 타러 가야 하는데. 정신없이 도로 나가다가 잠시 호흡을 가다듬고 다이안의 전화기로 중국집에 전화를 걸었다. 다행히 Mini를 바꿔 주어 Mini가 집에 가는 도중에 만나서 핸드폰을 받았다.

그리고 오늘 아침, 나는 시간이 많고 버스는 가격이 저렴한 데다 버스가 궁금하기도 하여 런던까지 빅토리아 버스를 타고 가기로 했다. 가방이 무거워서 다이안이 코치스테이션까지 데려다주기로 하고는 자꾸 재촉하여 일찍 나섰다. 그런데 버스 정류장으로 안 가고 세인트 데이비스 기차역으로 가는 게 아닌가! 다이안이 착각했단다. 다행히 중간에 깨달아 버스 정류장에 거의 40분을 일찍 도착했다. 그런데 출발 10분 전까지도 버스가 안 왔다. 속이 타서 여기저기 물어보니 오늘은 런던행 버스가 다른 데서 출발한단다. 지난번 D가 런던 갈 때 분명히 여기서 출발했는데?

이 동네 와서 터득한 건데 절대 자체 판단하지 말고 묻고 또 물어야 한다.

머리가 산발이 되도록 뛰어서 겨우 버스를 탔다.

가쁜 숨을 겨우 진정시키니 기사가 뭐라 뭐라 하면서 뭘 change한단다. 그러더니 한 시간쯤 가다가 운전기사가 바뀌었다.

들고 온 빵 한 조각과 차 한 잔을 다 마셔 가는데 기다리고 기다려도 버스가 휴게소를 들르지 않았다.

세상에나! 런던에 다 오도록 휴게소 한 번 안 가고 논스톱으로 5시간을 달린 것이다.

방광이 황소 정도 되나 보다. 나는 소변 고문을 당하며 런던까지 왔다. 나중에 들었는데 화장실이 버스 안에 있단다.
못 봤는데? 우여곡절 끝에 결과는 해피 엔딩이다.

▶ 6월 30일 캔터베리

캔터베리를 갔다 왔다.

엑서터 생활을 마치면 남편이랑 런던 여행을 하고 같이 서울로 가는 계획인데 런던 오는 비행기표가 여의치 않아 남편은 오늘 저녁에야 패딩턴 역에 도착한다.

내가 날짜를 착각하여 호텔을 하루 일찍 예약해 둔 터라 어제 왔다. 오늘 낮에 초서의 캔터베리 이야기로 유명하고, 대주교가 있었고, 대성당이 유명한 캔터베리에 갔다. 원래는 엑서터에서 같이 공부하다 헤어진 D와 Y, Mini나 Yuji랑 같이 갔으면 했는데 다들 사정이 있어 D와 둘이 갔다. 여행은 역시 혼자보다 둘이 낫다. 그리고 캔터베리는 규모가 압도적으로 컸다.

상상 초월의 규모로 보아 그 시절에는 명성이 자자했을 것이다.

점심 먹으러 들어간 쁘레따망쥬에서 90세라는 할머니의 자리를 맡아 주면서 이런저런 이야기를 하게 되었다. 스코틀랜드 출신인데 나이가 많다고 아들이 캔터베리로 오라 해서 왔단다. 가끔 손자들도 돌봐 주면서 일요일에는 혼자 나와 점심을 사 먹는다고 한다. 아들을 자랑스러워하면서 행복한 표정을 짓는 걸 보니 사람 사는 세상은 다 비슷하다는 생각이 든다.

캔터베리 강추!

엑서터 일기 **93**

▶ 7월 3일 다시 엑서터

어제는 정말 정신없이 바쁜 날이었다.

런던-토키-엑서터.

남편은 엑서터를 보고 싶어 했고 나는 영국 남부의 아름다움을 보여 주고 싶어 했다. 결정적으로 남편 마중하러 런던으로 갈 때 무거운 캐리어 하나를 다이안 집에 두고 갔었기에 엑서터를 다시 가기로 했다.

처음에는 런던-엑서터 기차표를 끊었었는데 도중에 일정을 바꿔 엑서터에서 토키까지 연장하여 코킹턴까지 갔다 왔다.

토키(Torquay)에서 Quay는 Key라는 뜻이고 허브 역할을 하는 지명에 주로 붙인다고 한다.

토키 해변이 보이는 언덕, 나무 그늘에서 준비해 간 도시락을 먹고 토키에서 택시 타고 동화의 세계 같은 코킹턴으로 들어갔다. 코킹턴(Cockington)은 영국인들도 몹시 사랑하는 전통 마을이다. 코킹턴 동네 주민들은 온갖 불편을 감수하면서 동네를 유지하려 애쓰고, 지나가는 이들의 애정이 모여 동화 나라가 지켜지고 있다.

그리고 오고 가는 기찻길 주변 풍경에 연신 감탄하는 남편을 보며 열심히 기획한 보람을 느꼈다.

남편의 가장 큰 장점은 기쁨을 기쁨으로, 슬픔을 슬픔으로 공감할 줄 알고 솔직히 표현하는 것이다. 가끔은 과도히 솔직하여 말을 잃게도 하지만.

저녁때 세인트 데이비스역에 도착하여 다이안 할매 집에 가기 전에 맛있는 케이크를 사 가고 싶었다. 그러나 6시만 되면 상점 문이 다 닫히는 동네라 문이 열려 있던 쁘레따망쥬에서 다이안이 좋아할 메뉴들을 간신히 살 수 있었다.

엑서터 대성당 앞, 지난번 갈매기에게 스테이크를 강탈당한 레스토랑 Cote에 가서 저녁을 먹고, 밤에 엑서터 아카데미까지 둘러봤다. 더 감동인 것은 작별 인사를 못 해 아쉬웠던 대만 청년 웨이드를 길에서 마주쳐서 같이 한잔하며 훈훈한 마무리를 하였다. 웨이드가 심한 감기로 결석하는 바람에 작별 인사도 못 하고 헤어졌었는데, 정말 우연히 펍에 갔다 오는 웨이드를 길에서 딱 마주쳤다. 웨이드는 먼 길을 되돌아 시내까지 같이 와 주었다. 나이, 국적 이런 거에 앞서 따뜻한 인간미가 제일 중요한 거 같다.

다정한 감성의 공학도 남편은 모든 풍경을 카메라에 담기 바빴고, 나는 감사하게도 Sophie가 사랑하던 장소마다 사진을 찍히는 행운을 누렸다.

▶ 7월 4일 <u>요크(York)</u>

지난번에 캔터베리에 갔을 때 D가 요크에 가 보라고 권하기에 남편과 아침부터 서둘러 길을 떠났다. 기차비는 둘이서 왕복 128~220파운드까지. 당연히 128짜리로 가야 하니 아침 9시 6분에 출발하고 7시 12분에 돌아오는 차표여서 호텔에서는 8시 전에 나섰다. 구글이 알려 주는 시간의 두 배를 잡아야 실수를 해도 만회할 여유가 있고, 8시대는 직장인들 출근 시간일 테니 차라리 조금 일찍 나가 Take away로 산 아침을 기차에서 먹는 게 나로서는 훨씬 편하다.

이름도 유명하신 뉴욕이 있는 것을 보면 예전에 요크가 얼마나 대단했을지 짐작이 간다.

요크역에 나와서 왼쪽으로 조금만 걸으면 철도 박물관이 있다.

들어가면 내부 전시물들이 재미있다. 증기 기관이 처음 발명된 나라답게 인상적인 박물관이다.

철도 박물관 다음 코스로 요크 민스터(York Minster)를 가고 성곽길(City wall)을 따라 걸었다. 옛 거리 Shamble market을 지나 그 끝에 있는 유명한 베이커리 카페 Betty's tea room에서 케이크를 조금 산 다음, 근처에 있는 Museum gardens에 들어가서 준비해 간 쿠키와 커피를 마시니 평온하기가, 여기가 요크의 공원인지 올림픽 공원인지 헷갈릴 지경이다. 런던으로 돌아오니 10시가 다 되어 갔다. 요크는 꼭 한 번 가 볼 만한 도시이고 하루로는 아쉽다.

1박 2일이면 좋겠다. 성곽길 위를 걷는 것도 좋다.

남편이 너무 좋아해서 같이 다니는 보람도 있었다.

다음에는 절대 혼자 못 가고 늘 같이 다녀야 하는 건 아닌지 무섭다고 했

더니 마구 웃는다. 정답이라고.
내일이면 모든 여정이 마무리된다.
저녁 7시 비행기라서 낮 2시까지는 여유가 있다.
아침에 하이드 파크에 가서 소풍처럼 아침을 먹고 체크아웃해서 짐을 맡긴 후 Westminster 사원 내부를 보기로 했다.
남편은 Westminster가 처음이라 가고 싶어 했고, 나는 스티븐 호킹 박사를 보기 위해서.

▶ 7월 6일 엑서터 일기의 마지막 장

덜덜 떨면서 출발한 지 딱 90일 만에 제자리로 돌아왔다.
옛날로 치면 석 달 열흘, 백일 동안 하나의 기원이 이루어지고 마늘과 쑥만 먹던 곰이 사람이 되는 시간인데 나는 무엇을 이루었을까?
하루를 정리하는 의미로 일기를 쓰면서 나의 고민과 일상이 다른 이에게 조금이라도 도움이 되기를 바라서 블로그에 올렸다. 내가 인터넷의 다른 이들이 올린 정보에 도움을 받았던 것처럼. 그리고 오늘로 엑서터 일기를 마감하고자 한다.

살아 있다는 게 좋은 것인지 나쁜 것인지 잘 모르겠지만 우리는 그냥 산다. 하늘의 새처럼, 땅의 벌레처럼.
더도 덜도 아니게 그냥, 자기가 하고 싶은 방식으로 남에게 피해를 주지 않으면서 가급적이면 서로 사이좋게.

그동안 응원해 주신 모든 분에게 감사드린다.

Ⅱ. 파리지앵으로 살아 보기 (파리 석 달 살기)

무작정 떠나기

프랑스 기차 여행 1
- 남프랑스 – 지중해 연안
- 남프랑스 – 아비뇽 주변
- 노르망디
- 파리에서 당일치기
- 알자스 와인 가도 – 스트라스부르, 콜마르
- 벨기에
- 루앙

아일랜드 여행

프랑스 기차 여행 2
- 안시
- 생말로
- 샤르트르
- 아미엥

마치면서

무작정 떠나기

▶ **3월 6-10일 파리 생활 시작**

또다시 엉뚱한 짓을 시작했다.

덜컥, 파리 석 달 살기를 실행해 버린 것이다.

동생 숑가맘은 늘 파리 한 달 살기를 소망했지만, 그녀가 계속 망설이기에 내가 그냥 밀고 나갔다.

시작은 동생을 위한 것이었지만, 어쨌거나 나도, 남편도, 제부도 다 같이 엮어서 우리의 로망 파리지앵으로 살아 보기를 결정했다.

돈이나 시간이 문제가 될 때 늘 나는 남편에게 묻는다.

"내일 죽는다고 한다면 어떻게 할까?"

아마도 죽을 때는 못 해 본 걸 후회하지 않을까?

주변의 우려와 부러움을 안고 숑가맘과 내가 먼저 파리 집에 도착했다. 작은 투룸 오피스텔 크기에, 학생들이 쓰던 집이라 아줌마들 눈에는 청소 거리가 가득하고 거의 열흘을 비워 놓았으니 몹시 춥기까지 했다.

도착한 첫날 고장 난 라디에이터를 보며 차가운 침대에서 내 머리를 쥐어박았다.

그래, 늘 무모하기 짝이 없더니 앞으로 석 달을 어떻게 견디려고!

악몽과 추위 속에서도 안개 낀 파리의 아침이 밝았고 가족들과 친구들에게 좁고 춥고 궁색하기가 말할 수 없다고 카톡으로 한바탕 징징거렸다. 그들의 위로와 격려에 기운을 얻어서 우리 두 아줌마는 마음을 굳게 먹기로 했다. 그리고 이미 지불한 한 달 치 집세와 타고 온 비행깃값을 생각하더라도 이제는 뒤돌아볼 수 없다.

주사위는 던져졌고 루비콘강을 건넜으니 어쨌거나 잘 살아 보자.

몸살이 날 듯하여 감기약과 피로회복제 등을 털어 넣고는 미친 듯이 온 집 안을 구석구석 이틀간 청소하고 Monoprix에 가서 생수부터 쓰레기 봉투까지 필요한 것들을 수시로 사다 날랐더니 집이 제법 살 만해졌다.

이제 파리의 하늘도 보이고 센 강변을 걸어 보는 여유도 생겼다. 오늘 오후에는 앵발리드까지 걸어갔다 왔다.

석양에 물든 앵발리드 지붕과 시내 어디서도 보이는 에펠탑이 아름답다.

▶3월 11일 **파리 근교 라 발레 빌리지 아울렛**

RER을 타고 발도프 Val D'europe역에 내려 파리 근교 아울렛으로 갔다. 여주 아울렛 가까이 사는 나는 다른 나라의 아울렛에 가서 비교해 보는 것을 좋아한다.

RER은 파리-아울렛 직통버스에 비해 차비가 싸고 찾아가기도 쉽다. 편도 5유로.

기차역에서 나오면 바로 오른편에 아울렛 입구를 알리는 건물의 Passage가 보인다. Passage를 통과하여 쇼핑몰을 쭉 따라 들어가면 드디어 아울렛 마당이 나온다.

작다. 여주 아울렛 4분의 1 정도. 마드리드 근교 아울렛 느낌이다.

월요일이라 조용했다.

여기에 서둘러 온 목적은 마지막 떨이로 파는 겨울옷 하나 건져 가는 것이다.

예상대로 겨울옷은 거의 다 팔리고 마지막까지 팔리기를 기다리느라 가격이 또 내려간 제품들이 좀 있었다. 사이즈나 디자인이 살짝 아쉽지만 사려고 마음먹었던 용도의 옷이랑 가방을 적당한 가격에 샀다.

나이가 드니 무얼 입어도 이쁘지 않아서 적당히 타협이 되는 점이 편하다. 프랑스 관광청에서 발행한 쿠폰을 미리 다운받아 가서 음료 한 잔 공짜로 마시고 10프로 추가 할인과 대한항공 마일리지까지 적립해 주니 좋아서 입을 다물 수가 없다. 10프로 할인은 제품에 따라 제외되는 것도 있다.

송가맘은 핫한 제품을 사서 할인을 하나도 못 받았다.

뿌듯한 마음으로 쇼핑 가방을 메고 다시 긴 아케이드를 지나 기차역으로 갔다. RER을 타고 파리의 메트로 환승해서 집까지 걸어갔다. 쇼핑백을 두고 다시 걸어서 Monoprix에서 생수 두 병씩 사서(하나는 바로 마실 비싼 생수로, 하나는 끓여서 마실 약간 저렴이로) 어깨에 메고 오니 저녁 먹고는 잠이 쏟아져 견딜 수가 없었다.

10시가 되기 전에 잠들었는데 눈뜨니 창밖이 밝아 왔다.

서울에서든, 여주에서든 하루 4시간을 연속해서 못 자고 고양이처럼 부스럭거리며 수면제 처방을 받아야 하나 말아야 하나 고민했는데, 그게 다 너무 편해서 그랬나 보다. 돈 쓰고, 사서 고생하니 잠을 얻었다.

그리고 중요한 또 하나의 훈련! 동생이랑 사이좋게 지내기 위해 서로 많이 조심하고 있다. 아무리 친한 형제간이라도 긴 세월을 다른 집에서 살다 보니 예전에 알던, 또는 곁에서 보던 그 모습이 서로 아니었다. 생각지도 못한 면에서 다름이 보이기도 한다. 여행 중에 원수 되지 않으려면 친한 남처럼 사생활, 의견 존중하고 특히 식생활 참견하지 말고, 서로 인정하려고 노력하는 중이다.

돈 주고 사서 고생하며 얻는, 가장 큰 교훈일 듯하다.

▶ **3월 12일 사크레쾨르 대성당**

오늘은 시어머니 기일이라 몽마르뜨 언덕에 있는 사크레쾨르 대성당에 갔다가 가까이에 있는 몽마르뜨 묘지에 묻힌 하이네에게 친구 은숙의 사랑을 전해 주기로 일정을 잡았다.

집에서 시간과 돈이 가장 절약되는 동선을 찾아 보니 80번 버스를 타고 Clichy-Caulaincourt에 내려 몽마르뜨 묘지를 먼저 갔다가 대성당으로 가는 게 효과적으로 보였다. 비가 내리고 으슬으슬 추운데 바람까지 불어 공동묘지를 찾아가기는 좀 거시기한 날씨지만 대성당 가는 도중의 길이기도 하거니와 내가 존경하는 에밀 졸라의 묘지도 있다 하니 가 보기로 하였다.

에밀 졸라를 위한 나의 분홍 장미 한 송이, 하이네에게 올리는 은숙이의 붉은 장미 한 송이. 장미 두 송이를 9유로에 사서 버스를 탔다. 우산 들고 장미 들고 버스에 흔들리니 살짝 민망하기도 했다.

에밀 졸라를 위하여 붉은 장미 한 송이를 들고 가는 동생은 대학 졸업 논문으로 에밀 졸라를 썼단다.

몽마르뜨 묘지 입구에서 직원에게 에밀 졸라의 묘지 위치를 물으니 친절하게 가르쳐 주었다. 하이네의 묘지는 안내판에서 찾아 보라고 한다.

에밀 졸라는 들어가서 거의 초입에 있고 눈에 띄어 금방 찾았다. 하이네는 54번이라는 숫자만 기억하고 갔다가 안내판으로 다시 돌아와 확인하고 찾느라 빗속을 우왕좌왕했다. 결국은 27구역을 한 줄 한 줄 훑어서 겨우 찾았다.

묘지를 나와서 약 20분 정도를 걸어 사크레쾨르 대성당에 갔다. 시어머님을 위한 기도를 드리면서 어머님과 둘이 마주 앉아 이야기하던 그 식탁, 그 불빛, 그 시절이 가슴 아리게 그리웠다.

비가 내리는 탓인지 관광객이 많지 않아 아주 좋았다.

평소 같으면 걷기도 힘들고 대성당 앞 잔디밭이며 계단이며 사람으로 넘쳐 날 텐데.

돌아오는 길에 마레 지구를 들러 시청 앞으로 오니 파리 시청은 올림픽 준비로 부산했다.

▶ 3월 14일 **Shakespear and company**

오랜만에 하늘은 푸르고 날씨는 따뜻한, 그러나 아무 계획이 없는 날이다. 천천히 아침을 먹고 각자 자기 김밥을 싸서 길을 나섰다. 먼저 앵발리드 근처에 있는 주프랑스 한국 대사관을 찾아보기로 하였다. 그야말로 한가하게 느릿느릿 걸어 앵발리드를 지나 로댕 미술관 정문 맞은편까지 갔다. 코로나 이전에도 로댕 미술관에 갔었는데, 어차피 지나가는 길이고 정원 입장료가 없다면 마당이라도 둘러보려고 들렀다. 정문에 들어서니 바로 가방 검사하고 한 줄로 서서 매표소 건물로 직행하는 동선이었다. 우리는 곧 되돌아서 나왔다.

로댕 미술관 정문 맞은편 길 건너 골목으로 접어들어 또 좌회전하면 대한민국 대사관이 있다. 태극기 휘날리는 대사관을 바라보니 가슴이 벅차올랐다.

불과 100년 전에 우리 선조들은 낯선 이국땅에서 돈도 없고 의지할 곳도 없이 오로지 열망 하나로, 독립의 꿈을 피우기 위해 고군분투하며 얼마나 처절한 심정이었을까.

신념만으로 치열하게 산다는 것이 얼마나 어려운 일인지 나이가 들수록 더 알겠다.

앵발리드 앞 잔디 벤치에 앉아 도시락을 먹으며 다시 한번 고생하신 선조들께 진심으로 감사를 드렸다. 엄혹한 시절에 그분들이 겪었을 갈등을 생각하면서.

앵발리드를 등지고 쭉 걸어 알렉상드르 3세 다리를 지나 센강을 따라 걸으니 저 멀리 노트르담이 보였다. 강을 따라 걷고 또 걸어 오르세를 지나고 강 건너 루브르를 바라보면서 계속 걸었다. 드디어 복구공사가 한창인 시테섬의 노트르담이 보이고 강 건너 오른쪽에 셰익스피어 앤 컴퍼니가 보였다. 이 조그만 서점이 왜 유명한지 모르겠지만 매장 앞에 줄지어 사람들이 서 있었다. 바로 옆문은 사람들이 없는데 Second hand라 쓰여 있었다. 기다리지 않아도 되고 책값도 싸니 나는 당연히 그리로 들어갈 수밖에.
우리가 집을 나서기 전에 동생과 둘이 작전을 짰다.
내가 엉터리 영어로라도 말을 걸면 동생은 불어로 거들어 주기로. 의사소통도 원활하고 회화 연습도 해 볼 요량이었다.
슝가맘은 완벽주의라 프랑스어를 곧잘 하면서도 입을 못 떼는 성격이니 나 같은 돈키호테가 치고 나가고 동생은 옆에서 조신하게 덧붙여 그럭저럭 성공적인 소통이 되었다.
셰익스피어 앤 컴퍼니 중고 서점에서 각자 책 한 권씩 사고 스탬프까지 받으니 입이 귀에 걸렸다.
이제야 파리에 온 맛이 조금 난다.
나는 T. S. Eliot의 《Murder in the Cathedral》을 샀다. 그 책이 나를 바라보길래 그냥.

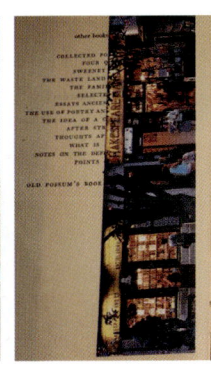
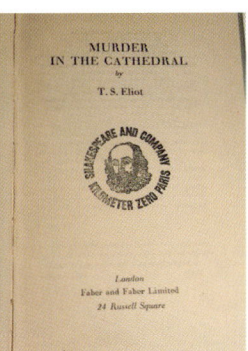

▶ 3월 15일 **Giverny**

아침부터 서둘러서 루앙으로 가겠다고 80번 버스를 타고 생 라자르역으로 갔다. 일찍 가서 크루아상에 카페 알롱제를 마시면서 기차표를 끊기로 했다.

11시쯤 도착했는데 11시 40분 기차가 있어 느긋하게 SNCF 앱에 들어가서 각자 루앙행 표를 사기로 했다. SNCF 앱 사용도 아직 미숙한 데다가 좌석도 4호 차, 5호 차에 한 자리씩 있거나 6호 차, 12호 차 등으로 떨어져 있어 연이은 두 좌석을 구매하려고 헤매다 보니 발권 시간을 놓쳐 버렸다. 숑가맘이 열불이 터져 폭발 직전이라 커피로 진정시켜 보려고 스타벅스로 들어갔다. 동생은 스타벅스 커피가 싫다고 했다. 그럼에도 달리 뾰족한 수가 없으니 아메리카노 2잔을 시켰는데, 몹시 싱거웠다. 숑가맘 기분이 더 안 좋아졌다. 작전 실패다.

꿩 대신 닭이라고, 루앙 대신 지베르니에 가 보기로 했다. 종점이 르아브르(Le Havre)로 루앙과 같은 노선인데 지베르니는 파리에서 가까워 두 정거장에 50분 정도면 도착하고, 루앙은 더 멀리 가서 종점에 가깝다.

지베르니 기차역에 내리니 3월 21일까지는 모네 정원의 문이 닫혀 있어서 꼬마 기차나 셔틀버스의 운행이 안 된다고 한다. 이 계절의 버스는 배차 간격이 길어 도저히 탈 엄두를 못 내고, 이왕 왔으니 시간도 많은데 걸어가 보기로 했다.

기차역을 나와서 역을 등지고 왼쪽으로 쭉 걸어가면 작고 호젓한 구시가가 나온다.

성당, 시청 등을 오른쪽에 두고 계속 걸으니 넓고 쭉 뻗은 다리가 나오고 다리를 건너 오른편 강변길을 따라가면 지베르니까지 4km라고 이정표가 나온다. 센강 지류라는데 센강보다 넓어 보였다. 강물이 유유히 흐르고 봄풀은 푸른빛이 올라 그지없이 평화롭고 아늑했다. 날씨도 걷기에 적당히 쌀쌀하여 산책하기에 더할 나위 없이 좋다. 노란색 수선화가 봄풀과 어우러져 너무 이쁘다.

걷다가 강가 벤치에 앉아 도시락을 먹고, 사진을 찍으며 걷고 또 걸었다. 한참을 걸어도 사람들이 거의 없었다. 화장실도 없고 카페도 없는 길을 두 시간 정도 걸었음에도 모네의 정원은 아직 나타나지 않았.

피로와 생리적 현상의 문제가 겹쳐 우리의 이성이 마비될 무렵, 우리는 훗날을 기약하며 오던 길을 되돌아 걸었다.

지베르니 구시가 성당 옆 카페에 들어가 쉬면서 숑가맘은 우아한 인생 사진 하나를 건졌다. 비가 내려 적당히 쓸쓸하고 고요한 지베르니 동네를 산책하고는 기차를 타고 파리로 돌아왔다.

지베르니역 근처에 자전거 렌탈하는 집이 있던데 자전거를 잘 탄다면 얼마나 좋았을까.

▶ 3월 16일 샤르트르의 카페

오늘은 모처럼 맑은 날!

여우가 시집을 가는지, 호랑이가 장가를 가는지는 모르겠지만 3월의 파리는 해가 나는 맑은 날인가 하다가도 게릴라처럼 비가 내리거나, 대놓고 종일 비가 내리는데 어제 밤새 비가 내리더니 오늘은 아침부터 햇살이 눈부시다.

샤르트르, 보부아르 시대의 파리의 예술가들이 커피를 마시며 토론하던 카페가 생 제르맹 데 프레에 있다고 숑가맘이 가자 하길래, 파리에 온 이래 처음으로 곱게 차려입었다. 버스를 타고 카페를 찾아가니, 그 유명세에 걸맞게 기다리는 줄이 길게 늘어서 있었다. 당대 문인들이 드나들던 두 유명한 카페가 나란히 있는데, 카페 마고의 줄이 짧길래 얼른 그쪽으로 가서 Outside 전망 좋은 자리에 앉는 행운을 잡았다. 리슬링 두 잔과 클럽 샌드위치 하나 시키니 42유로! 비싼 대신 맛은 있어 그나마 용서하기로 했다. 예전엔 느긋이 앉아 활발한 토론들을 했겠지만, 지금은 뒤에 줄 선 이들의 눈치가 보여 먹고 나오기 바쁘다.

돌아오는 길에 봉 마르쉐(Bon Marche)에 가서 쌀을 샀는데 우리나라 쌀이 한글 이름을 달고 늠름히 진열되어 있었다! 500g짜리 2봉지에 17유로를 냈다.

이 돈이면 여주 진상미를 4kg은 살 텐데. 파리 사는 교민들에게는 쌀값도 만만치 않겠다.

▶ 3월 17일 Sainte - Chapelle

어떤 날은 되는 일이 하나도 없는, 그런 날이 있다.

오늘이 그런 날이다.

새벽부터 비가 내리는데 12시에 생 샤펠 성당 예약이 되어 아침부터 부산하게 서둘렀다. 며칠 전 미리 위치 답사한 결과 70번 버스를 타면 생 샤펠 앞에 딱 내리고 길 하나 건너면 입구였다.

그러나 막상 가 보니 공사 중으로 노선이 변경되어 버스는 생 샤펠 바로 앞으로 가지 않았다. 종점인 시청에 내려서 한참을 걸어갔다. 구글이 우리를 뱅뱅 돌리사 바로 앞길을 두고 한참을 걸어 생 샤펠에 도착!

스테인드글라스가 유명한 이 성당은 명성에 걸맞게 관광객들로 복닥복닥했다.

그러나 흐린 날의 스테인드글라스는 전혀 이쁘지 않다!

물경 12유로나 내고 예약하고 왔는데 볼거리는 달랑 1, 2층 좁은 예배

당뿐이다.

프랑스 왕실에서 주로 사용했다더니 모든 것이 호화롭고, 고급지기는 했다. 안내 팸플릿은 중국어도 있는데 한글본이 없다.

이제는 한국 관광객도 많으니 한글판 설명서 비치를 요구할 때가 온 것 같다. 맑은 날 다시 와야겠다.

집으로 돌아오는 길도 다사다난하여 차비를 4.3유로나 쓰고도 빗길을 헤매는 바람에 모뜨삐께 일요장에는 늦게 도착했다. 아무것도 없는 파장 그 자체였다.

장 서는 날 그 옆 슈퍼 모노프리에는 다 시든 야채밖에 없었다. 패잔병 같은 몰골로 집에 돌아와 그대로 뻗었다.

저녁도 거른 채.

▶ 3월 18일 SORBONNE

매일 나갔더니 너무 피곤하여 오늘은 그냥 집에 있기로 하였다.
숑가맘은 꽃단장하고 팡테옹과 소르본 주변을 돌아보겠노라고 나갔다.
조용한 오전, 햇살은 집 안에 가득하고 평화롭다.
둘이 조심조심하며 잘 지내고는 있으나 가끔은 이렇게 혼자 있고 싶기도 하다.
동생도 오랜만에 자유를 누리겠지.
한참을 쉬다가 무료해질 즈음에 동생이 전화했다. 사진 찍어 줄 사람이 없다고. 나오면 커피를 사 주겠다고. 그렇게 핑계를 만들어 팡테옹 쪽으로 달려갔다.
10호선 Cluny la Sorbonne역 3번 출구로 나와 쭉 걸어가니 사거리 우측 끝으로 멀리 팡테옹이 보이고 그 주변으로 대학 건물들이 밀집되어 있었다. 얼핏 보기에도 착한 모범생 같은 젊은이들이 삼삼오오 모여 서로 담소를 나누며 서 있다.
젊음은 그저 보기만 해도 싱그럽고 미소가 지어진다.
도서관, 법학 전문대학원 등등. 그중에서도 유난히 정원이 우아한 건물이 있기에 카메라를 들이대고 보았더니 Sorbonne!
대학교 1학년 철없던 시절에 나는 소르본으로 공부하러 갈 거라고 떠들고 다녔다. 나는 그렇게 될 거라고 철석같이 믿었다.
아무런 준비도 하지 않으면서.
해가 기울어 가는 뤽상부르 공원 옆 카페에 들어가서 차 한잔을 마시고 뤽상부르를 가로질러 집까지 걸어갔다.
건물 층고를 철저히 규제한 덕분에 파리는 어디서도 하늘이 넓게 보이고 에펠탑이 보인다. 그리고 공공건물 벽면에는 자유, 평등, 박애가 새겨져 있다.

개인의 자유를 소중히 함과 동시에 사회가 합의한 가치는 건드리지 않는 듯하다. 파리가 조금씩 좋아진다.

▶ **3월 19일 에트르타, 옹플뢰르 당일치기**

생 라자르역에서 7시 40분 기차를 타려고 80번 버스를 탔다.
지하철 Combronne역에서는 첫차가 6시 43분에 있어 일찍 나왔더니 날씨가 제법 쌀쌀했다.
예전에 생 라자르역은 꾀죄죄한 느낌이었는데 리모델링을 했는지 말끔해졌다.
올림픽을 앞두고 프랑스 전역이 때빼고 광내는 중이다.
지난번에 스타벅스 커피 알롱제에 기겁을 하여 이번엔 다른 집에서 샀는데 역시나 두 번 마실 생각 없는 맛이다. 스타벅스 반값이지만 양이 반으로 적으니 그게 그거다. 커피가 맛이 없으니 화가 난다. 다음에는 집에서 준비해 가거나 역사 밖에서 사 들고 가야겠다. 9시 58분에 르아브르역에 내려 다다닥 달려서 기차 역사 뒤편 버스 정류장으로 가니 509번 버스가 에트르타를 향해 떠날 시동을 걸고 있었다.

509번, 13번이 에트르타를 간다.

에트르타는 바닷가 코끼리 바위로 우리나라 관광객들에게 잘 알려져 있는데 비가 오거나 안개가 끼는 날은 코끼리 바위가 보이지 않으니 가기 전에 날씨 체크를 꼭 하고 가야 한다. 지난번 숑가맘이 갔을 때는 저녁노을이 비치는 코끼리 바위를 기대했는데 안개가 자욱하여 바다인지 하늘인지 구별할 수 없었다고 했다. 하룻밤 자고 난 그다음 날도 비가 내려 역시 보이지 않더란다.

에트르타의 구도심을 조용히 둘러봐도 좋다고 하던데, 시간상 생략하고 코끼리 바위를 보러 가니, 짜잔! 날은 흐려도 코끼리 바위는 선명히 잘 보였다! 언덕 위로 기를 쓰고 올라가니 대서양이 한눈에 펼쳐졌다.

바닷바람에 속이 시원하다. 언덕 위 성당은 수리 중이라, 접근금지였다. 언덕 위 잔디에 앉아 도시락을 먹으며 대서양을 바라봤다. 밥심으로 속을 든든히 하고 후다닥 내려갔다. 루팡의 이야기가 에트르타에서 시작되었다고 하는 루팡 그림이 붙은 집을 지나 버스 정류장으로 가서 다시 르아브르행 버스를 탔다. 르아브르 기차역 뒤편 버스 정류장에서 이번엔 옹플뢰르로 가는 버스를 타니 또 50분 가까이 걸려 옹플뢰르 정류장에서 내렸다. 여기는 버스 타는 곳과 내리는 곳이 같다. 그러나 에트르타는 두 곳이 꽤 차이가 나니 반드시 Office에 가서 미리 확인해야 한다. 계절에 따라서는 에트르타도 버스 타는 곳과 내리는 곳이 같을 때도 있다고 한다.

옹플뢰르는 에트르타보다는 규모가 크고 번화한 느낌이다.

옹플뢰르에 계류 중인 요트들을 보면 기차도 비행기도 없이 배가 최고의 운송 시설이던 때, 이 두 도시에도 영화로운 시절이 있었음을 보여 준다.
골목골목이 아기자기해서 일반적으로 옹플뢰르를 좋아한다는데 나는 한적한 에트르타가 더 마음에 든다.

버스 정류장 가는 도중에 있는 건물 벽에 옹플뢰르 출신의 유명인들 사진이 있었다. 그들은 옹플뢰르를 사랑했다고 쓰여 있다.

다시 르아브르에서 7시 기차를 타고 생 라자르에 내리니 9시 20분이다. 눈앞에서 80번 버스가 막 떠나려는데 어느 신사가 버스 문을 잡아 줬다. Merci!

가까이에서 들여다보니 프랑스인들 생활 곳곳에 친절과 약자에 대한 배려가 자연스레 녹아 있다. 여기서는 우리의 빨리빨리가 사나워 보인다.

하루 만에 에트르타와 옹플뢰르를 다 갔다 오려니 팽이처럼 돌긴 했지만, 시간이 한정된 관광객이라면 둘 다 갈 수 있는 곳이다. 외식이 불편하지 않은 사람들은 카페에서 밥 먹고 차를 마시더라도 충분한 시간이 나온다.

▶ 3월 21일 라 데팡스

어제 사 온 전구를 갈아 끼워도 욕실 전등에 불이 들어오지 않았다. 자세히 살펴보니 전구 접촉부 길이가 5mm 정도 차이가 나는 것처럼 보였다. 이걸 영어로 설명 못 하겠고, 불어는 더 안 되었다. 고심하다가 일단 그 부분 사진을 찍은 후 가게에 가서 "불이 들어오지 않는다. 길이가 짧은 거 같다." 하면서 사진을 보여 줬다. 그랬더니 다른 전구를 찾아왔는데 모두 규격이 같다! "헉! 이게 무슨 일이고!" 우리는 꿀 먹은 벙어리가 되어 전구를 들고 도로 가게를 나왔다.

이왕 나온 김에 몽생미셸행 버스가 출발하는 라 데팡스로 가서 플릭스(Flix) 버스 정류장을 확인하기로 했다. 2010년에 왔을 때보다 라 데팡스 지역이 훨씬 변화해진 것 같다. 여기는 파리라 하기보다는 100년쯤 미래 도시에 온 듯한 느낌을 준다.

라 데팡스 지하철역 5번 출구로 나와서 10시 방향으로 고개를 돌리면 붉은 조형물이 있고 그쪽 앞에 Terminal Jules Verne라는 이정표를 보고 지하로 내려가면 거기에 플릭스 버스와 블라블라카 정류장이 있다. 버스가 기차보다 훨씬 싸기 때문에, 3시간 이내 거리는 고려해 볼 만하다. 버스 노선에 따라 터미널이 다르다. 우리나라 시외버스 터미널이 그러하듯이.

집에 가는 길에 마레 지구 3차 도전에 나섰다.

라 데팡스에서 1호선을 타고 생폴에서 내려 밖으로 올라갔다. 생폴 성당 문이 열려 있길래 안으로 들어가 한 바퀴 둘러봤다. 부활절 예배에 못 올지도 모른다고 미리 이실직고하면서 기도를 올리고 나왔다.

생폴 성당은 대단히 멋졌다.

생폴 성당의 내부 조각과 그림들이 예사롭지 않았다.

위고가 딸의 결혼에 감사하며 헌사 했다고 하는 멋진 성수 그릇도 있었다. 성당 앞문에서 길을 건너면 바로 마레 지구 옷가게들이 즐비하다. 같은 브랜드도 여러 군데 있는데 어떤 집은 주로 신상을 팔고 어떤 집은 아울렛이기도 하니 눈을 크게 잘 뜨면 득템할 수도 있다. 멋 내느라 구두 신고 갔다가 집에 갈 때는 신발을 집어 던지기 직전에 이르렀다.

▶ 3월 22일 헤어질 준비

덜덜 떨면서 파리에 온 게 엊그제 같은데 동생과 앞으로 45일간 헤어질 준비를 해야 한다. 남편이 파리에 오는 24일 일요일부터 남편이 한국으로 돌아가는 5월 8일까지는 그야말로 파리 집을 두 팀이 셰어하기 때문에 일정이 톱니바퀴처럼 정교하게 돌아가야 한다. 3월 24일에 헤어지면 5월 7일에야 만난다.

서로 일정 점검해 주고 호텔이며 기차표, 버스표 예약을 확인하는 중이다. 프랑스 철도청 SNCF 앱은 프랑스어로만 되어 있어 머리에 쥐가 난다(나중에 보니 영어버전도 있었다). 동생에게 가장 중요한 문장만 배워서 겨우 예약만 할 줄 안다. 예전에 아들이 유럽 배낭여행 중에 딸이랑 헤어질 시점이 오자 '유진이가 간다, 유진이가 간다'만 되뇌었다더니 내가 딱 그 심정이다. 딸은 프랑스로 교환 학생을 가서 프랑스어가 좀 되는 편이었다.

집에서 머리 염색을 하고 동생에게 끌려 또 밖으로 나갔다.

샤요궁에서 보는 에펠탑의 뷰가 최고라 하길래, 차비도 아낄 겸 걸어서 갔다 왔다.

철탑의 빛 반사가 어찌나 강렬한지 뒤편 앵발리드의 황금 지붕, 멀리 우뚝 선 몽파르나스 타워가 도저히 투 샷으로 잡히지 않았다. 맨눈으로 보면 푸른 하늘을 배경으로 달과 몽파르나스 타워, 앵발리드, 에펠탑이 환상적이다.

한국에서는 부엌, 거실만 오가며 하루 100보 걷던 내가 매일 2만 보 가까이 걸으니 거의 실신 지경이다.

프랑스 기차 여행 1

• 남프랑스 – 지중해 연안

▶ **3월 24-25일 니스 꼬따쥐르**

받아 놓은 날들은 온다더니 드디어 동생이랑 헤어져 독립해야 할 시간이 왔다.

일요일 드골 공항에서 남편과 재회하여 공항 주변 홀리데이 인 CDG 호텔에서 하룻밤 자고 다음 날 1시 35분 비행기로 니스에 왔다.

남편이 장거리 비행기 여행을 해서, 한 박자 쉬어 간 것인데 잘한 결정이었다.

파리 15구에 있는 집에서 지하철 타고 드골 공항에 도착하면 터미널 3에서 내린다.

아시아나는 터미널 1로 들어오고, 대한항공은 터미널 2에서 내린다.

터미널 2가 훨씬 크다. 터미널 3을 중심으로 T1과 T2가 양 끝에 있고 그사이 Pr, T3, Px가 있는데 P는 야외 주차장이다. T1에서 T2까지 셔틀버스가 운행하는데 이정표로는 CDG VAL이라고 적혀 있다.

남편은 아시아나로, 동생의 지인은 대한항공으로 1시간 간격으로 오는 바람에 2시간 전에 드골 공항에 미리 도착해서 공항 구조를 본의 아니게 다 외웠다.

다음 날 내가 타고 갈 니스행 에어프랑스는 T2의 2F에서 탄다.

아시아나로 온 남편이랑 합류해서 T2의 2D에 도착하는 대한항공을 기다렸다. 시간이 다 되어도 전광판에 편명이 나타나지 않아서 다시 알아보니

2E에서 내린단다. 터미널 2 중에서도 A, B, C, D는 한편에 모여 있고 중간에 F, G가 있고 2E가 완전 반대편에 있다. 인천공항 터미널 2의 카운터는 드골에 비하면 양반이다. 숨을 헐떡이며 2E로 갔다. 지인과 함께 파리 집으로 들어가는 동생에게 남편이 가져온 큰 가방을 맡기고 다시 CDG VAL을 타고 Pr에서 내려 호텔로 들어갔다.
정신이 혼미했다.

니스행 비행기 수하물을 기내로 들고 들어가려고(예전에 이태리 공항에서 수화물 잃어버린 경험이 있어서) 가방 무게를 따져 가며 짐을 새로 정리했는데 수하물 점검하는 직원이 남편 백팩까지 벗어 올리게 하더니 초과라고 얄짤없이 추가 요금을 내고 따로 부치란다. 살다 살다 백팩 벗기는 공항은 처음 봤다. 이렇게 거부당해서 부치면 요금이 훨씬 비싸다. 눈에서 불이 났다. 니스 꼬따쥐르 공항에서 니스 도심으로 가는 것도 알고 보면 수월하게 갈 수 있다. 인터넷에 올라온 정보들을 미리 여러 개 검색해 보고 가는 게 좋다. 한두 의견 보고 가면 내 머릿속 편견까지 더해져서 오히려 헷갈린다. 니스 공항은 드골 공항과는 달리 크지 않다.
각설하고 우리는 니스 공항에서 트램 티켓을 사려고 했지만 실패해서 42유로나 내고 택시 타고 도심에 있는 홀리데이 인 니스 호텔로 갔다. 홀리데이 인은 한 도시에도 여러 개 있어 주소를 정확히 알고 있어야 한다. 우리나라 신라 스테이가 광화문, 서대문, 공덕 등등에 있는 것처럼. 체크인하고 바로 니스성으로 가려고 해안가를 따라 걸으니 날은 흐리고 거센 바람이 불기 시작했다.
니스는 날씨가 좋다며?

택시 기사가 그러는데 겨울이라 그렇단다.
니스도 겨울의 저온 다습한 지중해성 기후 특성은 못 벗어나는가 보다. 지중해를 바라보는 감동을 제대로 느끼지도 못하고 호텔로 돌아와 따뜻한 물로 씻었다. 우와! 수질은 파리보다 훨씬 좋다. 거의 우리나라 수준이다. 파리는 수질이 너무 나빠 샤워하기도 싫더니.
여기는 세면대 물 그대로 마셔도 된다며 호텔방에 생수 서비스 없는 이유로 삼는다.

▶ **3월 26일 에즈, 모나코 당일치기**

숑가맘이 천재였다. 길 찾기, 차표 예매 등등.
오늘 남편과 둘이서 아침부터 헤맴의 연속이었다.
구글 님이 간신히 해석해서 니스 기차역 Nice Ville로 갔다. 에즈(Eze) 가는 기차표를 끊는데, 결제하려니 기계가 신용카드를 자꾸 거부한다. 기계 부수기 직전에 간신히 직원의 도움을 받아 차표 두 장을 샀다.
기차 타는 곳 표시를 이해 못 해 이리저리 뛰다가 또 다른 직원의 도움으로 D에서 타라고 해서 D를 찾으니 D가 없다. 육교 같은 계단을 올라가서 살펴보니 건너편 레인에 D가 있었다. 무사히 기차를 타고, 실수 없이 내리려고 객실 전광판을 뚫어지게 보는데 Eze가 아닌 Eze sur mer가 나온다. 그동안 동생에게 약간 배운 불어 지식에 의하면 바닷가 에즈라는 뜻인 거 같은데 그러면 Eze는 어디지? 눈알을 마구 굴리는데 사람들이 Eze sur mer에서 우르르 내리기에 무조건 따라 내렸다. 사람들을 따라 버스 정류장으로 갔더니 Eze village 가는 83번 버스가 있다. 이 사람 저 사람에게 물었더니 다들 Eze 간다기에 따라서 올라탔다. 버스 기다릴 때 어떤

아저씨가 표는 기사에게 4유로 내고 사면 된다는 정보를 줘서 들은 대로 4유로 냈더니 8을 내란다. 따지지도 못하니 8유로를 냈다. 그런데 받은 표가 플라스틱 충전 카드이다. 아마도 요즘 프랑스는 일회용 종이 차표에서 충전용 카드로 바뀌는 추세인가 보다. 카드 보증금 2유로씩 포함된 가격 같다.

지금 생각해 보니 Eze는 큰 동네이고, 관광객이 주로 가는 Eze는 산동네 Eze village, SNCF 기차가 서는 에즈역은 해안가에 있는 Eze sur mer라고 적혀 있는 것 같다.

83번 버스를 타고 산길을 올라가니 우리나라 미시령 넘어가는 듯한 산길이 바다를 배경으로 나온다. 참 이쁘다! 그리고 이 가파른 산언덕에 집들이 촘촘히 많기도 하다. 여기는 산업이 뭐가 있길래 이 정도 인구가 유지될 수 있을까?

Eze village에 내려 마을을 쭉 걸어 올라가니 맨 끝에 선인장정원이 있고 5유로씩 내란다. 그나마 비수기라 할인된 가격이란다. 선인장을 주로 심은 하늘 정원이 멀리 지중해 바다를 배경으로 멋지다. 돈 내고 들어올 만했다. 날씨가 맑으면 더 좋았겠지만 춥고 비도 간간히 뿌리니 관광객이 적어 호젓하고 운치 있는 좋은 점도 있었다.

욕심을 내어, 바닷가 에즈역으로 다시 내려가 니스로 가지 않고 모나코 몬테카를로로 가는 TER 표를 SNCF 앱에서 끊었더니 남편이 몹시 기특해했다. 동생에게 배워 연습해 둔 덕을 단단히 본다.
가격도 착하게 둘이서 9.8유로다.
몬테카를로역에 내리니, 감동이다. 모나코 대공궁과 거기서 가까운 해양박물관을 가 보기로 하고 걷기 시작했다. 모나코는 부자 동네 분위기가 팍팍 났다. 그리고 인구 밀도가 높은지 집들이 고층으로 다닥다닥, 그러나 밉지 않게 붙어 있다.

모나코 대공궁은 King이 아니라 Prince여서 대공궁이라 하는 것 같다.

모나코

거의 요새 같은 언덕길을 올라 성문 안으로 들어가니 바다와 요트와 모나코 전경이 그림처럼 펼쳐진다. 어렵게 찾아온 해양 박물관 앞에 견학 온 수많은 학생들이 줄 서 있길래 입장을 포기하고, 우연히 들어간 피자 맛집에서 늦은 점심을 먹었다. 4시 19분 TER을 타고 몬테카를로에서 니스빌역으로 돌아왔다. 이번에도 SNCF 앱으로 차표 끊어서.

퇴근 시간 무렵이라 그런지 사람들이 어마무시 많았다.

모나코에서 니스 근교까지 20분 거리이니 당연히 출퇴근이 거의 한동네 수준이다.

출퇴근 러시아워는 어디나 같다.

서로 밀고 밀리면서 째리고 소리 지르고 올라타는데, 만원 버스에 단련된 한국인 남편이 잡은 자리 옆에 앉아 오면서 요즘 곱게 자란 우리 젊은이들은 삶의 전투력이 아버지 세대들만큼은 있으려나 쓸데없는 걱정을 해 본다.

두 노인네가 이리저리 휩쓸리며 하루에 에즈에서 모나코까지 갔다 오니 스스로 기특하여 쓰담쓰담한다. 아시안의 이미지가 손상되지 않게 하려고 예의 차리느라 나름 애쓰고 다닌 하루였다.

하루에 에즈, 모나코를 다 가려면 아예 아침 일찍부터 서둘러서 에즈에 10시 이전에 도착하면 그런대로 즐기면서 다닐 수는 있겠다. 그러나 욕심부리지 말고 한 곳이라도 천천히 음미하며 다닐 걸.

▶ **3월 27일 생폴 드 방스, 칸 당일치기**

어제는 에즈와 모나코를 수박 겉 핥기로 다녀왔는데 그래도 아예 못 본 것보다는 수박 겉 핥기라도 본 게 낫다고 결론을 내렸다.

그래서 오늘은 생폴과 칸을 또 날치기로 가 보기로 했다. 기계가 우리를 미워하는 것인지 무시하는 것인지, 차표 사기가 여간 힘든 게 아니었다. 코로나 이전에 독일을 다닐 때 손가락으로 톡톡 누르고 돈 넣으면 차표 탁 내놓던데 프랑스 기계는 다 누르고 카드로 계산까지 마치고 기계가 인사까지 했는데 영수증 받겠냐 해서 예스 누르면 트래블카드에 돈이 없어 결제가 안 된다고 나온다. 눈에 띄는 역무원 붙들고 손짓발짓해서 역무원이 표를 살 때는 이 카드가 결제가 된다. 어쨌거나 환승 시간과 소요 시간을 줄이는 전략으로 Cannes sur mer역에서 655번 버스를 타고 생 폴 빌리지에서 내려 마을을 둘러보기로 했다.

시골 버스는 현금만 받으니 꼭 5유로나 10유로짜리 작은 돈을 준비할 필요가 있다. 생폴도 에즈처럼 산언덕 마을이고 과거로 걸어 들어가는 느낌이다. 에즈보다는 살짝 남성적인 느낌도 든다. 마치 요새 같은 느낌도 나고. 유럽의 산골 마을들을 다녀 보니 비슷비슷, 아기자기 이쁜데 한결같은 공통점은 불편을 감수하고 옛날을 현재로 즐기며 살아간다는 점이다.

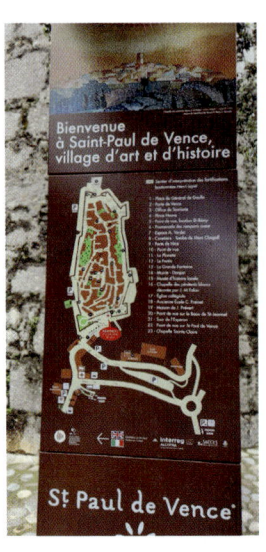

생폴 빌리지도 버스 타는 곳과 내리는 곳이 조금 차이가 나니 인포에서 반드시 확인해 갈 필요가 있다. 시간도 되고 약간의 여유도 되는 두 노인네는 체력과 열정이 한 스푼 부족하여 생폴에서 한 시간여를 다니다가 바로 내려와 기차를 탔다. 칸으로 가서 바다를 조금 보고는 편안한 식사를 하며 칸 둘러보기를 끝내기로 하였다.

바닷가 전망 좋은 곳에서 화이트와인 두 잔에 도미구이, 바질파스타, 후식으로 커피와 아이스크림을 먹고 92유로 냈다. 팁으로 8유로도 주니 딱 100유로가 나왔다.

풍광과 맛이 좋아서 다 용서하기로 했다. 칸이잖아!

모나코처럼 칸도 현대식 건물에다 파도, 수평선, 요트, 명품숍까지 활기차서 젊은이들은 많이 좋아할 것 같은, 한 번은 와 볼 만한 동네다.

칸에서 니스로 오는 도중에 앙티브역에서 내릴까 하다가 "그 바다가 그 바다지." 초 치는 영감님이 한 분 계셔서 그냥 지나왔다. 지나가면서 기차에서 보니 정동진 바다처럼 기차역에서 아주 가까운, 물색 고운 바다가 펼쳐져 있었다. 아까비!

▶ 3월 28일 니스성 Colline du Chateau

니스에 오던 첫날은 바람 불어 추워서 못 갔고, 둘째 날은 비가 왔으며, 셋째 날은 너무 피곤했다. 그래서 떠나는 날 아침에서야 니스성이라는 곳을 가 보기로 하였다.

니스 해안 도로를 쭉 따라 걸으면 쉽게 찾는데, 우리는 니스 정원 Parc & Jadin을 통과하여 걷느라 예정에 없던 니스 시장도 구경하며 뺑뺑 돌다가 어느 친절한 아가씨가 입구까지 데려다준 덕분에 겨우 찾아갔다.

성이라기보다 성이 있었던 언덕이라는 프랑스어 이름이 더 정확한 표현 같다.

성은 희미한 흔적만 남았지만 하늘빛 지중해의 파도와 예쁜 니스의 집들, 잔잔한 숲속을 걷는 듯한 언덕길이 충분히 가 볼 가치가 있다.

니스성은 아침에도 가 보고 해 질 녘에도 가 보라는 말, 일리 있다.
해안가 주변에 맛집들이 즐비하고 우리는 송가맘에게서 추천받은 레스토랑으로 가서 스테이크와 모둠 샐러드, 와인 두 잔을 시켰다. 스테이크에 사이드 메뉴 하나 선택하라 해서 깡빠뉴식 라이스를 골랐더니 담백하고 맛있는 볶음밥이 나왔다!
고기도, 샐러드도 맛있고 식전 빵도 맛있고, 양도 후하게 주어 아주 만족한 점심이었다. 니스에서 파리행 기차를 예약할 때, 다른 표의 반값 정도만 주는 싼 기차표를 끊었더니 처음에는 완행 느낌으로 온 동네를 다 서다가 아비뇽 지나서야 TGV답게 속도를 냈다. 9시가 훨씬 지나서 파리 집에 도착하니 그래도 여기가 집이라고 반가웠다.

▶ **3월 29일 로댕 미술관**

어제 5시간 30분을 TGV 타고 밤늦게 집에 도착했더니 몹시 피곤하여 아침도 거르고 누워 있었다. 오후가 되어서야 겨우 일어나 주프랑스 한국 대사관에 가서 재외국민 사전 투표를 하고 돌아오는 도중에 로댕 미술관에 들렀다.
나무들에 연녹색 새잎이 올라오고 꽃들이 다투어 피니 완연한 봄이다.
우리나라의 나른한 봄과는 약간 다른, 비는 내리고 으슬으슬 춥지만 그렇다고 매운 추위는 아닌, 그래서 꽃들이 피어날 수 있는 봄이다.
성인 1인당 14유로. 둘이서 28유로를 내고 들어가 우선 정원을 천천히 걸었다.
살아서 영광을 누린 조각가답게 삶이 부유하였던지, 이곳이 로댕의 집이었단다.

야외 조각들, 나무들 사이를 걷다가 실내로 들어와 작품들을 둘러보았다. 조각들도 많지만 간간히 눈에 익은 화풍의 그림들이 걸려 있었다. 자세히 들여다보니 고흐, 모네 등의 이름을 달고 있었다. 다음에 어느 흐리고 바람 부는 날 그림을 보러 다시 와야겠다.

미술관 정원 카페에 앉아 차를 마시며 남편은 이제 파리에 온 실감이 난다고 했다.

그러나 돌아오는 길이 헷갈려서 에펠탑 주변을 한 바퀴 뱅 돌았더니 힘들다고 연신 투정이다.

▶ 3월 30일 **토종 한국인, 파리에서 식사하기**

남편은 한국에서도 매 끼니 국물 요리에 김치, 밑반찬이 꼭 있어야 하고, 나는 대충 잘 먹기는 해도 위 상태가 별로 좋지 않아 쌀밥이 가장 속이 편하다.

그래서 외식이 자꾸 망설여지니 주로 집에서 해 먹는다.

동생은 한국에서 국간장, 참기름, 고춧가루를 조금씩 가져와서 이 동네 꼬마 배추를 사서 식초 넣고 샐러드처럼 먹었다. 나는 주로 꼬마 배추에 쌈장을 얹어서 쌈으로 먹었다.

공항 면세점에서 사 온 소포장 김치랑 모노프리에서 산 참치통조림으로 김치찌개도 하고 각종 야채를 채 썰어 한국에서 가져온 김으로 꼬마김밥을 싸 먹기도 했다. 한국에서 가져온 것 중에 전장 구이김, 잔멸치, 누룽지, 작은 양조간장, 참기름, 쌈장 등이 효자 노릇을 톡톡히 한다. 다른 재료들은 여기에도 거의 있다. 호텔로 짧게 다니는 여행은 컵라면이나 밑반찬이 좋으나 조금 길어지면 원재료 들고 오는 게 나은 것 같다. 날씨가 들쭉날쭉하여 물주머니나 핫 팩은 필수! 라디에이터가 있어도 추위 타는 사람은 침대가 시리다.

▶ 3월 31일 **사크레쾨르 대성당 부활절 미사**

찬미 예수님!

부활절 미사는 못 갈 줄 알았는데 느림보 남편 덕분에 4시가 넘어서야 어슬렁어슬렁 나가서 80번 버스를 타고 대성당 근처에 내려 몽마르트를 천천히 걸어 올라갔다. 집을 나설 때만 해도 우산 없이는 못 걸었는데 버스를 40여 분 타다가 내리니 하늘이 청명하고 쌀쌀한 바람이 불어 걷기에 딱 좋은 날씨가 되었다.

일요일에다 부활절까지 겹치다 보니 인파가 이만저만이 아니다. 성당 앞을 지키는 경비병에게 이 긴 줄이 미사 보러 들어가는 줄이냐고 했더니 아니라면서 옆문을 살짝 열어 준다.

6시 미사에 참석할 사람들과 그 이전까지 관광하고 나갈 사람들 들어가는 통로가 다르다. 남편은 마누라 따라 들어왔다가 한 시간 반 동안 잡혀 있더니 고개를 절레절레 흔든다. 지루해 죽는 줄 알았다고.

프랑스어를 하나도 못 알아듣지만 미사 전례는 어디를 가도 거의 비슷하여 듬성듬성 이해하고 영성체까지 마쳤다. 지난 2월 여주 성당에서 판공성사 보고 오길 너무 잘했다는 생각이 든다. 이 먼 타국에서 이 자리에 앉아 기도를 할 수 있게 해 주심에 감사드린다.

우리 손자, 우리의 사랑 시안을 위해 기도드렸다. 성모님의 가호가 시안이에게 늘 함께하시기를!

성당 계단에서 멀리 보이는 파리의 황혼

▶4월 1일 다시 팡테옹과 뤽상부르 공원

내일 아비뇽으로 떠나야 한다.
숑가맘이 지인과 함께 파리로 돌아오기 때문이다.
그들은 지금 샤모니-리옹-몽생미셸을 떠도는 중이다.
같이 다니는 지인이 더할 수 없이 좋은 여행 파트너란다.
혹시나 내가 곧 해고되는 것은 아닌지 불안이 엄습한다.
나의 파트너는 뭐라 정의하기가 복잡하다. 하루 삼식을 집에서 드시고 싶어 하니 저분 오고부터 나의 파리 생활에서 여주 집 냄새가 나기 시작했다. 아무것도 하지 않았는데도 피곤하다고 그냥 집에 있겠다는 양반을 소르본대학교 앞에 가서 차 한잔 마시고, 공원 산책하자는 미끼를 던져 길을 나섰다.
지난번 갈 때처럼 똑같이 지하철로 갔는데 길 모양이 다르고 팡테옹이 안 보였다. 집에 돌아와 점검해 보니 지난번엔 소르본역에서 내리고 이번엔 오데옹역에서 내렸다. 소르본역에 내려야 찾아가기 더 편하다.
지난번에 소르본 앞마당인 줄 알았던 곳은 소르본과 길 하나 사이에 둔 작은 공원이었고, 성당인가 하고 지나간 곳은 소르본대학의 남쪽 문으로 문패가 예상외로 작지만 아마 정문인 듯싶다. 학교 건물이 마치 한 블록처럼 크게 이어져 있다.
팡테옹 앞에서 사진을 찍고 돌아 내려오면서 소르본을 보고 뤽상부르 공원까지 갔다가 공원 건너편 카페에서 맛없는 카푸치노 한잔 마시고 집으로 오는데 역시나 길을 뱅뱅 돌았다. 마치 알리바바네 집 찾듯이 그 길이 그 길인 것 같았다.
우리 집은 앵발리드 근처 파리의 남서쪽에 위치하니 해가 지는 방향, 서쪽으로만 따라와서 겨우 찾아왔다.

파리의 사월은 완연한 봄이다.

온 세상이 부활하는 듯하다.

영국의 사월은 춥고 비가 와서, 엘리엇의 시구 "April is the cruelest month."를 격하게 공감하겠더니만, 파리는 봄이라고 뤽상부르 공원에는 사람들이 아주 많았다.

• 남프랑스 – 아비뇽 주변

▶ 4월 3일 **까르까손(Carcasonne)**

아비뇽 중앙역에서 님(Nimmes)으로 가서 거기서 까르까손 가는 기차로 환승해야 한다. 그냥 표 사서 기차 타는 것도 벌벌 떠는데 환승까지 해야 하니 머리에서 쥐가 난다. 그래서 이 사람, 저 사람 붙잡고 묻고 또 물었는데, 불안한 눈동자는 데굴데굴 구르니 누가 봐도 안습인지 천사들이 늘 나타나서 도와줬다.

소설 《Wonder》 구절 중에 "필요한 것보다 조금만 더 친절해지자."라는 글귀가 있더니 이러한 선한 사람들이 모여서 인간이 호모 사피엔스가 되나 보다. 기차는 아비뇽에서 조금 연착하고 님(Nimmes)에서 또 좀 연착하더니 님에서 까르까손을 향해 떠난 지 얼마 안 되는 지점에서 기차가 아예 멈췄다. 무지하게 싼 가격에 일등석 표 사서 흐뭇하게 앉았으니 조금의 연착쯤이야 하면서 느긋하게 기다리는데, 숑숑숑 하면서 프랑스어로 방송이 나오고, 또 나오고 또 나왔다. SNCF 앱으로 알림 문자가 들어오기를, 20분 연착이란다. 40분, 1시간, 1시간 30분 연이은 연착 안내 문자들. 급기야는 2시간 30분을 연착했다.

1시간 50분짜리 기차 여행에 2시간 30분 연착이라니 말이 되나! 열불이 머리꼭지까지 나는데 다른 승객들은 너무나 고상하게 앉아 있다. 심지어 어떤 분은 온 객실이 울리도록 코를 골면서 자고 있다!

연착이 1시간 이상 넘어가니 옆에 앉은 나의 파트너는 짜증이 나서 내게 묻는다. 기차가 왜 이러냐고.

그래서 대답했다, 내가 안 그랬다고.

그 순간, 문득 깨달았다. 이거구나! 이래서 모두들 조용히 있구나. 다 같은 피해자들끼리 서로 스트레스 줄 이유가 없어서.

나중에 연착으로 인한 문제가 생기면 차라리 소송을 할지언정.

혹시나 해서 준비해 간 비상식량을 기차 안에서 다 먹고 까르까손의 성벽과 대성당을 두 시간 만에 거의 뛰듯이 걸으며 둘러봤다. 다시 기차 타러 와야 하니 물 한 모금 마실 여유도 없이 바람처럼 날아서 한 바퀴 돌고 왔다.

원래 계획은 시내를 천천히 걸으며 까르까손 성안에서 점심도 먹고 차도 마시며 다니려고 5시간 정도 여유를 두고 돌아오는 표를 끊었는데 인생이 참으로 뜻과 같지 않다.

까르까손은 웅장하고 카메라를 대면 바로 화보라는 말이 딱 어울렸다. 시간이 된다면 1박하면서 천천히 둘러보는 것도 나쁘지 않겠다. 볼거리도 많지만, 묵직한 분위기를 여유 있게 즐기면서 말이다.

달빛 어린 성곽, 해 뜨는 성곽을 보면서.

SNCF에서 이메일로 사고가 있었다고, 보상을 요구해도 된다고 문자가 왔는데 이게 다 프랑스어로 된 말이라서 눈치로 대충 알아들었지만, 정확히 어떻게 대응해야 할지는 고민 좀 해야겠다. 각설하고 TGV 일등석은 원 없이 오래 타 본 하루였다.

돌아오는 길에 환승하는 중에 잠깐 나가 본 님 시가지의 인상이 예사롭지 않다. 나중에 기회가 되면 가 봐야겠다.

성벽 밖으로 내다보이는 카르카손 시가지. 시간이 된다면 성벽을 따라 한 바퀴 돌아 봐도 장관일 듯하다.
(유료 입장)

▶4월 4일 마르세유(Marseilles) 미식 여행

어제는 하루 종일 거의 굶다시피 돌아다닌 날이라 늘 이렇게 살 수는 없다고 오늘은 마르세유로 가서 오로지 지중해 해산물 요리를 먹는 데 목표를 두기로 했다. 문제는 기차비. 둘이서 편도 가격이 거의 60유로에 가깝다. 간신히 32유로 짜리 하나 찾았는데 8시 14분 출발이란다. 꼭두새벽에 일어나, 이 와중에도 아침 식사가 가능하신 한국 신사분은 어젯밤에 미리 만들어 둔 카레로 햇반 한 그릇 뚝딱하시고 7시부터 기차역을 향해 달렸다.

돈도 착하고 아파트형이라 조리가 가능한 우리 아비뇽 숙소는 그만하면 가성비 좋은 편인데 오늘처럼 일찍 나가는 날은 살짝 불편하다. 아비뇽 중앙역에서 TER을 타고 한 정거장 만에 아비뇽 TGV역에 가서 마르세유 가는 TGV를 탔다.

아비뇽 중앙역에는 출근하는 젊은이들로 붐볐다.

나라가 달라도 사람 사는 모습은 비슷하다.

이른 시간에 마르세유에 내리니 눈이 휘둥그레진다.

마르세유는 진짜 큰 항구 도시이다.

숑가맘이 마르세유는 도둑 천지라고 조심을 당부하고 또 당부하던데, 올림픽을 앞두고 프랑스는 치안이 엄청나게 좋아져서 그렇게까지 걱정하지는 않아도 될 거 같다. 날치기, 소매치기가 많던 70, 80년대를 살아 낸 우리 7080세대들에게 그 정도 조심은 기본이다.

마르세유 Saint charles역은 티켓 발권도 편하고 역무원들이 많아 도움 받기도 좋다. 1회권 2인용 2장 사서 M1 지하철을 타고 Veaux point 다음 역에서 내려 60번 버스를 타고 노트르담 성당으로 갔다. 나중에 보니

Veaux p.역에서 내려도 60번 버스를 탈 수 있었다. 노트르담 갈 때 꼭 버스나 트램을 타야 한다. 구불구불 오르막 산길이 보기만 해도 피곤하다. 버스에서 내려 성당으로 걸어가니, 너무 멋지다!
하느님은 이렇듯 늘 높은 데 계시고 먼바다에서도 등대처럼 잘 보이시니 없던 신앙심도 저절로 우러나올 듯하다.
마르세유! 그중 노트르담 대성당은 꼭 가 보기를.

우리는 내려올 때 운 좋게 꼬마 기차 쁘띠트랑을 타고 갔다. 내릴 때 기사님이 쁘띠트랑의 다른 코스가 있다고 추천해 주셨다. 이 모든 내용을 토막 영어와 보디랭귀지로 알아듣는다! 해산물 요리로 유명한 식당을 찾아가 앉았는데, 통영 신선한 회에 익숙한 우리들에겐 성에 차지 않았으나 나름 그들의 문화도 있으니 굴 6개짜리와 연어샐러드, 홍합을 시켰다. 신선한 석화에 레몬을 뿌리니 그도 괜찮고 홍합에 바질소스를 얹어 구운 요리는 조금 짜긴 하나 맛은 좋았다. 신선한 연어를 소스에 무쳐 곁들인 연어샐러드도 비리지 않고 맛있었다. 다만 나의 파트너께서는 그야말로 입도 코도 뜨신 데가 없는 요리에 허기가 지는지 빵을 계속해서 먹었다.
로컬 맥주와 하이네켄 맥주 두 병까지 합해서 60.5유로. 직원들의 서비스 정신 부족으로 팁은 안 주고 왔다. 리뷰에 직원들 태도 지적이 있던데 괜히 나온 소리는 아닌 듯.

마르세유 항구, 만에 요트가 가득 정박해 있고, 만의 둘레 해안가에 맛집이 즐비하게 있다. U자형 만의 중앙 부근을 Veaux point라고 하는 것 같다. 그 만을 가로질러 태워 주는 배가 있는데 1인당 0.5유로란다. 싼

굴 6개 얹어 14유로. 로컬 맥주 진짜 맛있다.

맛에 그리고 걷지 않고 반대편에 내려 준다니 얼른 탔다. 그런데 내리고 보니 갈 데도 없고 있을 데도 없어 한 번 더 배를 타고 도로 돌아와 근처에 있는 승차장에서 쁘띠트랑 제2 코스를 10유로 주고 탔다.

하늘은 맑고 바람은 살랑살랑 부는데 못 알아듣는 설명까지 나오니 시종일관 고개를 저으며 조느라고 어디를 갔다 왔는지 기억이 없다. 그래도 몹시 피곤하거나 걷기 싫은데, 보고 싶은 곳들이 있다면 쁘띠트랑이 버스 투어와는 또 다른 장점이 있어 보인다. 아비뇽으로 돌아올 때 가격이 또 저렴한 시간대 TGV 두 장을 얼른 잡았더니 종착역이 룩셈부르그란다. 우리도 언젠가는 종착역이 키르기스스탄쯤 되는 기차를 타는 날이 올까? 2등석 가격으로 폼 나는 일등석을 끊었는데 오늘은 칼같이 시간 지켜 34분 만에 내리란다. 아비뇽 중앙역에 내려 걸어가면서 우리는 자화자찬으로 웃음꽃이 피었다.

말도 못 하고 말도 못 알아듣는데 어떻게 이렇게 잘 다니는지!

▶ 4월 5-6일 엑상프로방스 그리고 아를

엑상프로방스(Aix-en-province)가 좋다고 강추하는 의견들이 많기에 어떻게 가는지 구글에게 물어보니 두세 번을 환승하란다.

도저히 엄두가 나지 않아서 망설이다가 호텔 사무실에 가서 물어보니 63번 버스를 타면 깔끔하게 한 방에 갈 수 있다면서 버스 시간표와 타는 장소를 알려 줬다.

출발 장소는 시외버스 정류장인데 그 정류장을 찾고는 깜짝 놀랐다. 우리는 오다가다 보면서 주차장도 아니고 음침한 건물 지하의 이상한 곳이라 생각했는데, 그게 시외버스 정류장이었다. 라 데팡스에 있는 플릭스 버스 정류장도 그렇더니 여기도 우리 눈에는 찾기가 어렵다. 아비뇽 시외버스 정류장은 아비뇽 중앙역에서 나와 오른쪽으로 도로를 따라 조금만 걸어가면 주차장 표시 P가 보이고 그에 인접한, 건물에 P.E.M이라는 글자가 눈에 잘 띄지도 않는 작은 글씨로 쓰인 건물이 버스 정류장이다. 가로지른 스탑바는 버스가 들어갈 때 자동으로 올라간다! 나는 저 가늠

쇠가 있어 차 지나가는 곳은 결코 아니라고 추측했었다.

63번 버스를 타고 남프랑스의 들판을 달려 엑상프로방스 버스 정류장에 내리니 여기는 누가 봐도 시외버스 정류장답게 생겼다. 사람들이 몰려가는 데로 10분쯤 따라 걸으면 예사롭지 않은 모양의 분수대가 나오고 거기서부터 우리는 200년 전 세계로 들어간다.

일단은 1인당 10유로씩 주고 쁘띠트랑을 타고 동네 한 바퀴 돌아보기로 했다.

먼저 동네 전모를 파악하고 마음에 드는 곳을 다시 가 보기로 했는데 아주 잘한 선택이었다.

유럽 도시의 구도심은 미로 같아서 자칫 잘못 들어가면 뱅뱅 돌다가 하루가 가는데 꼬마 기차를 타고 도니 바람도 시원하고 다리도 편했다.

에밀 졸라와 세잔이 다녔다는 학교부터 옛날에 한 명성 날렸을 법한 시가지는 어디를 찍어도 〈해리 포터〉 영화 장면이 된다.

남프랑스의 사월은 들판에 꽃이 피기 시작하고 세상은 연초록으로 물들어 온천지가 겨울로부터 부활하고 있다. 춥지도 덥지도 않고 바람은 상냥한 계절. 그 남프랑스의 엑상프로방스와 아를을 어제 그리고 오늘에 걸쳐 다녀왔다

아름다운 곳. 시간이 된다면 꼭 가 보기를 권하고 싶은 판타지가 있는 마을들이다.

오늘은 아침부터 서둘러 아를을 둘러보고 작은 마을인지라 기차 시간이 많이 남아 론강 강둑에 앉아 강 건너 저편, 점점이 이쁜 건물들을 하염없이 바라봤다. 이 정도로 관리에 신경 쓰고 협조하는 프랑스 시민들이 대

단하다고 느꼈다. 선진국은 무엇이며 선진국 국민의 저력은 무엇일까 생각해 본다.

아를은 원형 경기장이 거의 전부이다.

아를 SNCF역을 나와 왼쪽으로 쭉 걸으면 회전목마가 보이는 로터리가 나오고, 회전목마를 오른쪽으로 두고 계속 가면 원형 경기장 즉 아레나가 나온다. 원형 경기장은 콜로세움에 비할 바는 못 되나 유적지 기부금 내는 셈으로 11유로씩 내고 시어터가 연계된 티켓을 사서 들어가 보았다. 원형 경기장 스탠드를 따라 돌면 시가지 전경이 눈에 다 조망된다. 원형 경기장을 뒤로하고 또 쭉 걸어 시어터를 찾아가는 길에 제법 큰 주말 장이 열려 있었다. 여기는 토요장이 서는가 보다. 점심시간이 지나 도착하니 시어터 문이 닫혀 있어 다시 강가로 내려갔다. 강둑을 천천히 따라 걸으면 아를역이 다시 보인다. 아를을 한 바퀴 다 도는 셈이다.

아를의 여인들은 어디 갔을까.

얼마 전까지 옆에 계시던 엄마와도 영원히 이별했는데 그 옛날 아를의 여인을 떠올리니 부질없다. 오늘은 아비뇽을 떠도는 내가, 그 어느 날엔 어디 있을지 모르는데.

삶은 그렇게 부질없다. 다만 살아 있는 동안이라도 무지개를 보면 가슴이 뛸 수 있기를.

엑상프로방스

아를 구시가 입구와 아레나(원형 경기장)

▶ 4월 7일 **아비뇽 제대로 둘러보기**

아비뇽에 일주일 있는 동안 초반부 3일은 아비뇽 중앙역에서 걸어서 30분 정도 떨어진 가성비 좋은 시티 레지던스 호텔에서 지내고, 나머지 3일은 교황청에 딱 붙은 머큐리 다비뇽 상트레에서 지냈는데 탁월한 선택이었다. 레지던스는 작은 부엌이 있어 카레, 짜장밥, 누룽지 등으로 식사를 해결하니 낮에 빵 먹고 와인 마시고 해도 아침과 저녁에 밥을 먹어서 속이 덜 부대끼고 좋았다. 해외 자유여행의 경험상, 과도와 작은 가위, 작은 플라스틱 통 몇 개를 들고 왔더니 제 역할을 톡톡히 한다. 파리에서 집 떠날 때 밥을 작은 통에 담아 와서 처음에는 밥을 먹고, 후반부로 가선 햇반을 먹으면 1일 1끼니는 밥이 있다.

예전 혈기 왕성하던 시절, 남들이 해외에서 밥을 찾고 김치 운운하는 걸 이해하지 못했다. 저럴 거면 왜 왔냐고 비난을 하기도 했었다. 여러 가지 기능이 떨어진 오늘날, 나의 내장은 쌀밥이 가장 소화하기 쉽고 근기가 있다. 배변에도 탁월한 섬유질 역할을 하고.

자기가 겪어 보지 않고는 남을 쉽사리 평가할 일이 아니었다.

나이가 들어갈수록 지난날 거침없던 행동들이 천방지축이었다고 고개가 저절로 숙여진다.

아비뇽 시절 초반부에는 주변 도시를 찾아가느라 아침에 나가서 저녁에 들어오니 역까지 걷기도 하고 버스 시간이 맞으면 타기도 해서 숙소가 기차역에서 조금 멀어도 거의 불편이 없었다. 그리고 교황청 옆에 붙은 호텔로 와서는 아침저녁으로 구도심을 산책하며 아비뇽의 진면목에 감탄했다. 특히나 아비뇽 교황청-정원-아비뇽 다리를 엮은 티켓을 투어리즘 오피스에서 사서 9시 첫 타임에 들어가면 맑은 공기, 새소리, 바람, 꽃향기를 느낄 수 있다.

커피 자판기에서 초콜릿차를 뽑아 정원 벤치에 앉으니, 마치 500년 전 수도승이 된 듯하다. 고즈넉하고 한가롭고.

아침에 일어날 수만 있다면 투어 시간을 일찍 예약하는 편이 좋겠다. 천천히 산책하듯 다 둘러보는데 세 시간 가까이 걸렸다.

교황청 투어가 끝나고 바로 옆 대성당으로 들어가니 마침 미사 중이라 늦으나마 미사를 드리고 나왔다.

마음이 살짝 가벼워진다.

교황청 앞 광장에 내가 좋아하는 쁘띠트랑이 대기하고 있다. 일주일 내내 시간표대로 운행한단다. 여기도 1인당 10유로.

거리 카페에서 조각 케이크에 커피 한 잔씩 마셔도 20유로는 바로 나가는데 골목 곳곳을 데려다주니 너무 좋다.

차단 기둥이 있는 좁은 길에선 기사님이 센서 달린 막대를 대면 차단 기둥이 아래로 슥 내려간다. 마법의 세계처럼.

해 질 녘, 다시 나와서 가 보고 싶은 골목들을 또 천천히 걸었다.

아비뇽은 그 자체가 예술인 거 같다.

관점에 따라서는 꼬질꼬질하고 쇠락의 느낌이라 싫어할 수도 있지만, 여기 사는 사람들은 정성껏 가꾸며 아비뇽을 사랑하고 사는 것처럼 보인다. 아비뇽에서 당일치기로 여행할 때 까르까손, 마르세유, 아를은 기차가 편하고 엑상프로방스는 시외버스가 편한 것 같다.

잔잔한 자연이 좋은 사람들은 이쁜 시골 마을들을 찾아가지만 우리는 조용한 전원주택에 사는 사람이라 그런지 활기찬 마르세유가 제일 맘에 든다.

도시 곳곳의 그라피티

▶ 4월 8일 **아비뇽에서 파리로**

SNCF 앱을 깔고 기차표를 겨우 사서 확인하는 수준의 지식만으로 프랑스 기차를 타려니 늘 긴장한다. 앱은 프랑스어로 되어 있어 처음엔 진짜 겁이 났다. 눈치가 많이 생긴 지금도 걱정은 여전하여 10시 39분발 기차를 타기 위해 호텔에서 9시 좀 지나 출발했다. 10분 걸어 아비뇽 중앙역에 도착하고 아비뇽 TGV역으로 가는 TER은 아무거나 타도 되니 일단 먼저 온 걸 타고 한 정거장 가서 6분 만에 아비뇽 TGV역에 도착했다. 더 남쪽 마르세유를 가든 북쪽 파리 방향을 가든, TGV를 탈 때는 아비뇽 중앙역이 아니라 아비뇽 TGV역까지 가서 탄다. 마치 서울역과 용산역 정도여서 너무 겁먹지 않아도 된다. 까르까손과 마르세유, 엑스까지 간 경험이 있어서 아비뇽 TGV 정도는 잘 갈 수 있다. 그러나 파리행 기차는 정확한 위치에서 잘 타야 한다. 여기는 철도 이용이 워낙 활성화되어 있어 한 레인 앞뒤로, 여러 방향 열차들이 정차한다. 즉 레인 1인 동시에 레인 C가 되기도 한다. 즉 앞쪽이 1이고 뒤쪽은 C 이런 식으로 있다. 그리고 어디 가는 기차가 몇 레인에 정차하는지는 그때그때 전광판에 뜬다. 그래서 모두들 펭귄처럼 목을 빼고 전광판을 확인한다. 전광판을 확인하고도 역무원에게 묻고 어쩐지 똘똘해 보이는 젊은 여인에게 또 물으면서 파리행 기차를 탔다. 우리 기차는 마르세유 출발, 룩셈부르그 도착 기차여서 파리 근교 Marne-la-Valle역으로 간다. 이 역은 우리나라로 치면, KTX 탈 때 광명역이나 행신역인 셈이다. 파리 가는 기차 상당 부분은 파리 리옹역이 종착역이다. 잘못하면 프랑스 제2 도시 리옹(Lyon)역에 내리는 수가 있으니 주의해야 한다. 라발레역에서 집까지는 RER을 타고 다시 지하철로 환승해서 쉽게 갈 수 있다. 지난번 아울렛 가면서 확인해 둬서 큰 어려움은 없었으나 기계로 표를 살 때 더러 문제가 있어 아예 줄 서서 역무원한테 샀다. 우리나라로 치면 무궁화 같은 RER을 타는데, 표 검사 기계가 없길래 얼씨구나 5유로 굳었다고 좋아했는데 지하철 6호선으로 갈아탈 때, 마치 신분당선 타고 양재역에서 환승할 때처럼 또 한 번 검표기를 통과했다.
그래, 꼼수 쓰지 말자.

파리 집에 오니 잠시 스쳐 가는 집이라도 집이 좋다!

남프랑스 들판에 꽃 같은 노란 작물이 한창이다. 식물의 이름을 모르니 노랑 꽃 이렇게 표현한다. 이 얼마나 무식하고 꽃에 대해 무례한 표현인가! (나중에 들으니 유채라고 한다)

• 노르망디

▶4월 12-13일 플릭스 버스 타고 몽생미셸 가기

남편과 나, 내 친구 이렇게 셋이서 몽생미셸을 가기로 했다. 숑가맘은 이미 두 번이나 간 몽생미셸을 며칠 전에 또 갔다 왔다는데, 서울서 숑가 아빠가 오시면 5월 초에 또 가야 하니 어차피 남편 때문에 몽생미셸로 가야 하는 내가 남편과 내 친구와 셋이 가기로 했다.

2011년 유진이가 교환 학생으로 낭트에 있을 때 나랑 숑가맘이 낭트에서 렌으로 기차 타고 가서 거기서 몽생미셸까지 버스로 갔었는데 그때는 유진이가 소상히 루트를 알려 주고 숑가맘이 앞장서서 찾아가느라 나는 아무 생각 없이 따라가기만 했다. 그런데 이번엔 아무것도 모르는 두 사람을 데리고 내가 앞장서야 하니 긴장이 엄청났다. 플릭스 버스는 4시간 30분이나 걸리지만, 파리에서 직행으로 몽생미셸까지 가니 환승 걱정을 안 해도 되고, 기차보다 버스값이 훨씬 싸니 옳다구나 예약했다. 출발 장소도 라 데팡스 버스 정류장이라길래 답사까지 해 두었다. 그런데 이상하게도 자꾸 찜찜하여 버스 승차권을 자세히 들여다보니 출발지가 라 데팡스가 아니었다. 지도에서 다시 검색해 보니 센강을 넘지 않는, 1호선 라인에서 쉽게 가는 곳에 있었다. 그래도 걱정이 되어 8시에 출발하는 버스를 타러 7시에 지하철에서 내렸다. 그리고 또 구글 님이 우리를 뱅글뱅글 돌린다. 목적지 딱 160m 앞에서 이 골목 저 골목으로. 근 30여 분을 헤매다가 도저히 버스 정류장 같지 않은 정류장에 도착하니 플릭스 버스는 없고 중국인 느낌의 ching 씨 페밀리용 관광버스 세 대가 정차해 있었다. 그 버스로 바로 앞 호텔에 묵은 중국인들이 우르르 승차하기 시작한다.

우리 버스는 8시가 되어도 등장하지 않았다. 불안한 표정으로 오락가락 하니 어느 친절한 아가씨가 자기도 플릭스 버스 타고 몽생미셸 간다고, 여기서 타니까 걱정하지 말라고 안심을 시켜 줬다. 정말 작은 친절이 외국인들에게는 큰 도움이고 그 나라를 다시 보게 하는 힘인 것 같다. 한참을 기다리니 버스가 왔다. 기다리던 사람들이 우르르 몰려 버스를 타고 파리를 떠났다.

버스 안에는 귀여운 WC가 있었다. 예전에 엑서터에서 런던행 5시간 무정차로 가는 버스에서 화장실이 안에 있는지 몰라 고통에 시달리던 그런 걱정은 안 해도 되었다.

그리고 2시간 간격으로 딱딱 쉬어 가는 통에 버스에서 내려 허리도 돌리니 그나마 좀 나았다. 도중에 버스 냉각수가 떨어져서 기사가 물 뜨러 가는 해프닝까지 벌어져 예정보다 1시간 반 이나 늦게 몽생미셸 정류장에 도착했다.

3시가 넘어 도착한 호텔에서는 바로 체크인이 되었다. 브레이크 타임이라 식당들이 문을 닫으니 저녁용으로 준비한 도시락을 호텔 방에서 점심으로 먹었다. 5시까지 쉬다가 해 질 녘의 몽생미셸을 보려고 천천히 걸어갔다. 인생은 새옹지마, 예측불허.

몽생미셸 버스 정류장 옆에 인포메이션이 있고, 몽생미셸 수도원행 무료 셔틀도 있다. 우리 호텔 바로 앞에서도 무료 셔틀이 서지만 우리는 호텔을 나와서 수도원까지 천천히 걸어서 가기로 했다. 수도원이 바로 코앞이라고.

바람은 상쾌하고 저녁 햇빛은 은은하며 초록 들판에 들꽃이 곱다. 강어귀 바다와 만나는 곳, 센 물살도 보면서 걷고 또 걸었다. 수도원은 멀었다. 손에 닿을 듯 가까워 보여도 40분은 족히 걸렸다.

다음 날 아침에도 또 걸어서 수도원으로 갔다.
저녁 햇살에 빛나는 수도원, 황혼 그리고 다음 날 아침 7시 28분(서머 타임이라 사실은 6시 28분) 반대편 들녘에 떠오르는 태양. 모든 것이 완벽하다.
1박 2일을 몽생미셸에서 보내는 계획을 세우면서 처음엔 지루하지 않을까 살짝 우려했으나 전혀 그렇지 않았다.
지인들에게 몽생미셸에서 하룻밤 꼭 자고 오기를 권하고 있다.
다른 일정을 잡지 말고, 뭘 하려고도 하지 말고.
호텔비가 좀 센 편이지만 세계적 관광지인 점을 감안하면 가성비 좋은 편이고, 주변 식당들 음식도 맛있었다. 몽생미셸섬 안의 식당은 비싸고 맛은 별로라는 평도 있던데 그 멋진 바다 경관을 고려하면 그만한 돈을 쓸 수도….
파리로 돌아오는 버스는 기사님이 길을 잘 몰라서 역시나 한 시간을 연착하였다. 그리고 이번엔 라 데팡스에 내렸다. 칠흑같이 어두운 밤이라 사방이 잘 안 보였지만 미리 답사해 둔 지역이어서 별 어려움 없이 RER 타고 집을 찾아갔다.

썰물, 저녁 햇살 비치는 수도원   아침, 만조 때

로컬 맥주가 아주 맛있다. 도수는 거의 와인 수준

- 파리에서 당일치기

▶4월 14일 **루이뷔통 재단 다시 가기**

한 달 전 루이뷔통 재단에 갔을 때는 전시가 있어 입장료가 12유로이더니 오늘은 전시가 없어 재단 건물만 보는 값으로 4유로를 냈다. 나로서는 오히려 잘되었다.

일요일이라 부모 손잡고 놀이동산에 놀러 온 어린이들의 웃음소리, 놀이기구를 타는 탄성들로 공원이 가득하다. 3월의 흐리고 바람 불던 날과는 다른 세상이다.

그리고 오늘은 한국 정원(서울 정원)도 가까이 가서 보았다.

같은 장소를 두 번 오니 자세히, 찬찬히 잘 보는 좋은 점이 있다. 남편과 친구를 위해 봉사의 마음으로 왔는데 내게 더 큰 여운이 남았다.

루이뷔통 재단 건물을 보며 돈을 많이 벌어서 적절히 잘 쓴다면 얼마나 좋은지, 자본주의의 긍정적인 면을 보고 있다.

50년 동안 공원의 일부를 임대해서 쓰고, 그 이후 건물 전부를(짓는데 1조 들었다는 건물) 파리시에 기부하기로 했다는데. 부러운 건축물, 부러운 협상 능력, 대단한 삶의 스케일이다.

1호선 Les Sablons역에 내려 루이뷔통 재단 또는 Jadin d'Acclimatation 이라는 출구로 나가서 남들 따라가면 놀이동산이 나오고 공원 안으로 쭉 걸어가면 왼쪽에 루이뷔통 재단 건물이 나온다. 4월의 정원에서 들고 간 도시락과 커피를 마시고 봄볕을 느긋이 누린 하루였다. 재단 건물 안에도 카페가 있지만, 전시라도 있는 날에는 줄이 길어 들어갈 엄두가 안 나서 도시락으로도 괜찮다.

돌아오는 길은 역시 1호선을 타고 이번엔 Concord역에 내려서 오벨리스크와 엘리제궁을 지나 뛸르히 공원을 걸었다. 아이스크림을 먹으며 우리도 봄 풍경으로 들어갔다.

Pont de Royal 건너 센강변의 바람을 맞으며 알렉상드르 3세 다리까지 걸어갔다. 앵발리드를 지나 거의 세 시간을 걸어서 집에 오니 나중엔 입도 벌어지지 않았다. 시켜서 하는 일이었으면 불만으로 난리도 아니었을 거다.

서울 정원이라는 이정표를 따라가면 멀리 보이는 팔각지붕 정자가 나온다.

저 멀리 개선문이 보인다.

▶ 4월 17일 **꽃 피는 지베르니**

15일에 친구가 서울로 가니 마음도 허전하고 몸도 고단하여 며칠을 칩거하다시피 하였다.

아무것도 하지 않으면 아무 일도 일어나지 않는다. 좋은 일이든 힘든 일이든.

오늘은 지베르니에 갈 작정으로 어젯밤에 무턱대고 기차표를 예약했다. 일기 예보를 보니 종일 춥고 비가 온단다. 여기는 하늘에 띄운 위성이 많아 그런지 일기 예보가 거의 정확하다. 시간 단위로 맞춘다. 4월에 마치 한국의 2월 같은 날씨가 오니, 옷을 단단히 입고 나와도 추웠다. 생 라자르역에서 지베르니행 기차를 타고 50분을 가는 도중에 역무원들이 여권을 보자고 한다. 올해에 그렇게 기차를 타고 다녀도 여권 보자는 건 이번이 처음이었다. SNCF 앱에서 기차표 예약할 때 인적 사항을 둘 다 정확히 기입하기에 망정이지 괜히 골치 아플 뻔했다.

한 달 전 3월 중순에 지베르니에 왔을 때는 모네 정원도 문을 닫고 기차 역전은 한산하더니, 이번엔 관광객이 많아 따라만 다녀도 모네의 정원 입구에 들어서게 된다. 아침 첫 시간 9시 30분 예약이라 서둘러 지베르니역에서 셔틀버스를 타고(편도 1인 5유로, 기사에게 사면 된다) 모네 정원에 도착하여 이리저리 휩쓸려 다니며 다 둘러보았다. 참 이쁘다. 남편처럼 식물 가꾸는 걸 좋아하는 사람은 특히 좋아한다. 입장료 11.5유로 쓸 가치는 충분히 있다. 지베르니 빌리지라 하여 마을이 있고 그중 길 쪽으로 담장이 둘러진 모네 정원은 공원이라기에는 규모가 작지만 개인 정원으로는 상당하다.

백문이 불여일견이다.

기차역으로 돌아올 때는 쁘띠트랑을 타고 왔다.

지난번 하염없이 걷던 강변길이 쁘띠트랑 노선인 줄 알았더니, 셔틀버스와 쁘띠트랑 노선이 같았다. 갈 때는 셔틀버스, 올 때는 쁘띠트랑을 탔더니 같은 길도 다른 느낌이다.

강변을 따라 걷던 길은 보행자와 자전거를 위한 길.

자전거를 잘 탈 수 있었다면 얼마나 좋았을까!

특히나 일본 그림들이 많다.

모네 정원 바깥 동네. 많이 이쁘다.

▶4월 18일 베르사유궁 찬찬히 보기

베르사유는 마음 편하게 갔다 올 수 있다.

왜냐면 RER을 타고 가기 때문에 기차를 예매하지 않아도 되고 궁전 입장도 현장 구매된다고 해서 엄두를 내보았다. 그런데 몇몇 블로그를 읽어 보니 줄 서다가 입장표가 동이 나는 수도 있다고 하길래, 새벽에 일어나 인터넷 예매를 하였다. 회원 가입하느라 기를 쓰고, 이메일로 날아온 입장권을 다운로드하느라 낑낑대었더니 9시가 넘었다. 간신히 도시락까지 준비한 다음, 깜브론 지하철역에서 RER 표를 사려 하니 티켓 머신 화면이 고집을 피우며 움직이지 않았다. 원래 계획은 역무원에게 '베르사유 샤또!'를 외치면서 사려고 했는데 역무원이 자리에 없었다. 할 수 없이 다른 역에서 사기로 하고 아까운 1회용 표를 써서 RER Javal역으로 갔다. 그런데 여기도 역무원이 없다. 이 동네 역무원들의 출근 시간은 도대체 몇 시인가! 이런 일이 자주 발생하기 때문에 어제 오후에 미리 표를 사 두었어야 했는데, 잠시의 태만이 큰 곤란을 파도처럼 불러왔다.

다행히 베르사유 궁전 예약 시간이 13시여서 겨우 마음을 다스리며 발권기를 들여다보고 있는데, 어느 친절한 프랑스인의 도움으로 1회용 티켓 4장을 끊을 수 있었다.

일주일 정도 파리 여행을 하면서 여기저기 다닐 사람들은 종일권 또는 일주일권을 사서 다니면 속 편하고 돈도 절약되지만, 우리처럼 하루에 한 번 겨우 대중교통을 이용하는 사람들에게는 그 카드는 오히려 비싸다.

매표 후 간신히 플랫폼으로 내려가니 RER Javal역은 완전 강바람 몰아치는 야외이다. 겨울이 다시 온 듯하다. 게다가 기차는 웬일인지 한 텀 운행하지 않아서 25분을 더 기다려야 했다. 따뜻하게 입고 나온다고는 했으나 소용없다. 마치 1월 겨울 나라로 온 듯하다. 사월 후반부에.
유럽 여행할 때는 여름에 오더라도 경량 패딩 하나는 꼭 들고 와야 개 떨 듯 떠는 꼴을 안 당한다.

25분을 와들와들 떨고는 겨우 자리에 앉았는데 30분도 채 되지 않아 모두 내렸다. 멀뚱멀뚱 쳐다보니 역무원이 와서 라스트란다. 역시나 사람들을 따라 나갔다. 횡단보도를 건너가자 두 무리로 나뉘었다. 왼편과 오른편으로. 나중에 보니 결국 한곳에서 만났다. 기차역에서 정면 블록을 지나 다음 큰길에서 왼쪽 저~ 끝이 베르사유이다.

11시쯤 도착했지만, 우리의 궁전 입장은 13시 예약이라 먼저 정원부터 가기로 했다. 정말 정원이 넓어서 2시간을 쏘다녀도 대충 훑어보는 셈이다. 예약 시간이 되어 궁전 입구로 갔더니, 맙소사! 입장객 줄이 끝이 안 보인다. 11시에는 널널했는데. 이 줄이 13시 줄이냐고 어떤 여인에게 물어보니 맞다고, 그래도 다 들어간다고, 걱정 말라고 한다. 이 말을 다 알아듣는다! 내 눈치의 총명함이여!

입구에서 직원에게 이메일로 받아 다운로드한 표를 보여 주니 한 명밖에는 없다고 더 내놓으란다. 남편은 못 들어간다고 한다. 동공 지진을 일으키며 이메일을 보여 주니 예매 번호 확인하고는 들여보내 줬다. 한국 같으면 빨리빨리 문화로 쥐구멍이라도 찾을 텐데 여기는 자기들 일도 느릿느릿하지만 손님에게도 재촉하지 않고 찬찬히 확인해 주니 그 점에서는 긴장이 좀 덜 되고 마음이 편하다.

베르사유를 대하는 우리의 전략은 궁전 내부의 전반적인 모습은 슥, 대충 보고, '거울의 방'은 잘 보며 이렇게 살았군 하고 나와서는 정원을 다시 잘 보기였다. 10년 전에 베르사유에 왔을 때는 눈을 크게 뜨고 뭐가 있나 읽어 보면서 다녔는데 이러나저러나 시간이 지나가고 나니 뭐가 뭔지 아무 생각도 안 난다. 그래서 이번엔 각방마다 걸려 있는 그림들이며 조각들이며 장식들을 대충 봤다. 그랬더니 오히려 눈에 잘 들어온다. 나무를 보지 않고 숲을 보니 그 숲의 가치가 더 잘 보인다고나 할까.

여기서 또 느끼는 것인데, 같은 곳을 두 번 가는 게 결코 낭비만은 아니라는 거. 책도 두 번 읽으면 행간이 보이듯이.

거울 방에 가서는 천천히 세 바퀴 반복해서 돌며 창밖으로 내다보이는 정원과 천장 그림들, 조각상들을 그냥 봤다. 알려고 하지 않고. 오래전에 제작된 듯 창문 유리가 울퉁불퉁했다. 새 유리로 갈아 끼우면 깨끗하게 밖이 잘 보일 텐데 옛날 기술 그대로 둔 것 같다. 저 시대에는 거울이며 유리값, 천장 샹들리에 얹힌 양초값들이 서민들은 상상도 못 할 가격이었을 테니 거울 방 파티에 초대된 외국 사신들, 시골 귀족들도 입을 다물 수가 없었을 것이다.

여기서 자란 공주들이 인물 없는 변방 국가의 왕자들과 혼인하면 시댁 들어가길 진짜 싫어했겠다. 세계사가 확~ 이해가 된다.

밖으로 나와서 입구를 지키는 직원들에게 정원을 다시 보고 싶다고 하니 두 번째로 볼 사람들은 나가서 요래요래 돌아 저기로 들어가라 하는데 역시 못 알아들었다. 여기저기 물으면서 거의 밖으로 나가다시피 멀리 걸어가서 세컨드 입장 희망자들이 들어가는 입구로 다시 들어가 오전에 부러워하며 찜해 둔, 우리의 애정 상품 쁘띠트랑에 앉았다.

멋진 정원을 구석구석 가겠지! 천만의 말씀, 만만의 콩떡!

쁘띠트랑은 정원 밖을 나가서 돈 안 내고도 가는 바깥길을 가다 서다 가다 서다 했다. 1인당 9유로인데!

베르사유에서는 쁘띠트랑보다는 골프 카트처럼 생긴 4인용 전기차가 훨씬 효율이 높아 보인다. 궁전 마당 가장자리의 작은 초록집에서 티켓 판매를 한다. 홈페이지에서 궁전 티켓 예매 사이트에 뭐라 뭐라 있던데 잘 읽어 보고 같이 구매하면 약간 저렴하고 시간 절약도 될 것 같다.

베르사유는 약간의 간식과 음료 준비하여 궁전을 먼저 예약하여 보고 난 후 햇살 좋을 때 정원을 쉬엄쉬엄 4시간 정도 둘러보면 좋을 것 같다. 매점은 가격도 맛도 괜찮으나 시간대에 따라 많이 붐비기도 한다.

▶ 4월 19일 에트르타, 옹플뢰르 당일치기 실패

지난 삼월 숑가맘이랑 갔던 에트르타, 옹플뢰르를 당일치기로 또 둘 다 가 보려고 남편과 길을 나섰다.

이번에도 7시 40분 출발하는 르아브르행 TER을 예매했다. 며칠 전 지베르니 갈 때 집에서 너무 일찍 나서서 기차역에서 시간이 남아돌았기에 오늘은 20분 전쯤에 도착했다. 기차 타는 데는 지장이 없었으나 혹시 버스가 연착할까 조마조마한 것이 정신 건강에 좋지 않았다.

다음에는 역에서 빌빌거리며 돌아다니는 한이 있어도 조금 더 여유를 두고 집을 나서야겠다.

르아브르역에서 내려 기차역 뒤편으로 가니 지난번처럼 509번이 서 있었다. 1인당 1.8유로를 내고 버스에 타서 에트르타에서 내릴 때, 겨우 외운 프랑스어 단어 섞어서 "이 자리에서 르아브르로 돌아가는 차 타도 되냐?"라고 물으니 외국인 울렁증 있으신 기사님은 막무가내로 오피스에 가 보란다. 다른 말 다 못 알아들어도 '오피스'가 나오면 가서 확인하라는 뜻이다, 경험상. 그리고 프랑스 사람 중에도 영어 울렁증 있는 사람이 의외로 많다.

오피스 가서 물으니 지난번과 똑같이 오피스에서 바다 반대편으로 길 따라 다른 주차장이 있는데 거기서 타라고 한다. 시간표까지 한 장 얻어 호기롭게 바다로 향했다.

아는 길은 역시 쉽다.

날이 흐리고 강풍이 불어 코끼리 바위가 안 보일까 봐 걱정했는데, 잘 보인다! 바람이 너무 세서 안개가 없나 보다.

지난번과 반대편 큰 코끼리 쪽 언덕으로 올라갔다.

사람이 더 많더니 여기가 뷰 맛집이었다.

바람이 휘몰아치는 대서양을 원 없이 봤다. 속이 시원했다.

남편은 수평선을 보더니, 지구가 둥글다는 걸 느낌으로 확 알겠다고 한다.

퇴적암, 해식 절벽, 둥근 지구까지 온갖 과학 지식들이 마구 떠오른다.

과학은 역시 자연을 보고 배워야 살아 있는 지식이 된다.

바람이 어찌나 강한지 날아갈 지경이다.

겨울 동해 바닷바람도 이 정도는 아닌데.

너무 추워서 음식점에 들어가 따뜻한 점심을 사 먹고 옹플뢰르로 가기로 했다.

전망이 좋아 보이는 식당 계단을 올라가면서 오늘 식사비는 만만치 않음을 직감했다. 점심 세트 주문하면서 앙트레, 메인을 둘이 서로 다른 것으로 주문했다. 디저트는 아이스크림과 커피로 주문했더니 아이스크림이 없다고 해서 커피로 시켰다. 로컬 맥주 한 잔까지 시키고 기다리니 앙트레로 빼빼 마른 생굴 올라간 똑같은 접시 두 개가 나왔다. 지난번 마르세유 굴은 신선하고 맛있었는데 이 집은 아니다.

생굴을 좋아하지 않는 남편 것까지 내가 다 먹었다. 짜고 레몬 때문에 시다.

메인으로 시킨 피쉬, 프랑스어 생선 이름을 모르고 시켰는데 가오리찜 한 조각과 으깬 감자, 구운 닭고기에 당근 구운 가니시, 커피는 없고 티라미수 두 컵이 디저트로 나왔다. 영어를 전혀 못 하는 웨이터와 불어가 안 되는 손님이 만나니 이런 대참사가 벌어진다.

음식은 그런대로 하는 편이고 옆 테이블 손님들 복장을 보니 망토에, 스카프에 다들 나름 멋을 내며, 있어 보이는 사람들이 앉아 있다.

굴과 티라미수에 질겁한 남편은 팁 주기가 싫단다. 좋아하지도 않는 요리에, 팁 없이도 거의 100유로 가까이 나왔으니 그럴 수도…. 식당의 서빙이 천천히 느릿느릿 나오는 바람에 우리는 르아브르에서 옹플뢰르 갈 버스를 놓쳤다.

파리행 기차가 르아브르에서 7시 출발이라 세 시간을 여기 시내에서 보내야 했다.

막간을 이용하여 르아브르를 시내버스나 트램을 타고 거리를 왔다 갔다 해 보려고 티켓 머신 앞에 섰다. 그런데 모두 프랑스어로 되어 있어 감을 잡을 수 없고, 오피스에는 대기 손님들이 거의 20명쯤 있었다. 하는 수 없이 시외버스 정류장 쪽으로 나가 바닷가를 걸어 보려 해도 어찌나 추운지 서 있기도 싫었다. 다시 대합실 안으로 들어오니 그새 오피스가 한산하여 트램 표는 어디서 사는지 얼른 물어봤다. 역 뒤쪽으로 나가면 보이는 Agency Lia로 가라고 한다. 4장을 사서 트램을 타고는 시청 방향으로 가 보니 변화가 나왔다. 종점에는 대서양이 그대로 드러난다. 바닷가에 마치 개선문 느낌의 조각이 우뚝 있다.

바다에는 화물선이 지나가고 이렇게 춥고 바람 부는 날씨에 패러글라이딩, 윈드서핑으로 바다 위가 복작복작하다. 트램 티켓 한 장으로 환승이 가능한지 시험해 보니 1시간 정도는 타고 내리고 반복해도 되는 거 같다. 일없이 남의 동네를 돈 쓰고 시간 쓰며 오락가락하였다.

우리에게는 잘 알려지지 않았지만 르아브르는 제법 큰 항구 도시처럼 보인다. 요트를 포함한 각종 배들이 항구를 가득히 메우고 있다.
오늘은 노르망디를 원 없이 헤집고 다닌 하루였다.
노르망디의 집들은 오래되긴 해도 남루해 보이지 않는다.
매력적인 동네이다.

에트르타 코끼리 바위

노르망디는 목장이 많다.

진짜 같은 조각상. 사람도, 소도.

노르망디의 집들

▶ 4월 21일 **상식에 관하여**

그건 당연한 거 아냐? 그건 상식이지!
이 말을 참 자주 했던 것 같다.
그 상식이라는 말이 누구에게나 일정한 기준으로 정해지는 게 아님을 여기 와서 많이 생각하게 된다.
욕실 청소하고 나서 벽면의 물기를 닦으면서 또 생각한다.

어제는 방 안에서 숨만 쉬다가 오늘 오후가 되어서야 머리도 감고 집 청소도 하면서 문득 지난 일들이 떠올랐다.
나는 집을 제법 깔끔하게 치우고 산다고 생각했었다. 우리 집에 오는 이들도 그렇게 말했고 내 눈에도 그리 보였다.
그런데 나는 50이 넘도록 싱크대 배수구에 물때가 그렇게 자주 끼는 줄 몰랐다.
그리고 욕실 벽에 곰팡이가 생길 수 있다는 것도 몰랐다.
직장 다니느라 늘 도우미 아주머니들이 수고를 해 준 덕분에 우리 집이 그 정도로 깔끔하게 유지되고 있다는 것을 몰랐다. 나도 나름대로 집안일을 한다고는 했으니까.
예전에 엑서터 호스트 훼미리 할매가 "너희 집 청소는 누가 하냐? 남편이 너더러 뭐라고 하느냐."라고 자꾸 물을 때, 왜 그러시냐고 반문했어야 했다.
이번에 동생과 같이 지내면서 전업주부 깔끔이들이 저렇게 잘하는 줄 처음 알았다. 욕실 청소 후에는 벽면이며 바닥에 반드시 마른걸레질을 해야 하는 것도 처음 알았다. 누가 60이 훨씬 넘은 할매가 그걸 이제야 알았다고 생각이나 하겠나.

엑서터 집에 당연히 청소 도우미가 온다고 생각해서 석 달을 있으면서 한 번도 청소기 돌린 적이 없고, 욕실 사용하고 깨끗이 청소는 했지만 마른 걸레로 물기 닦은 적이 없었다. 여름에 그 집 샤워 커튼에 곰팡이가 생겼다. 내 탓이라고는 생각지도 못했다. 80대의 엑서터 하숙집 할매는 내가 그걸 몰라서 못 한 줄은 꿈에도 몰랐을 테지. 친구들에게 내 흉을 얼마나 보았을까.
나와 내 주변이 서로를 잘 아는 것 같아도 사실은 서로가 잘 모르면서 상식이 없다, 기본이 안 되었다고 하면서 단정 짓는 경우도 상당할 것 같다.

해 질 녘에 생폴 성당을 찾아 나섰다. 지하철에서 역을 헷갈렸는데 지하라서 구글은 터지지도 않았다.
그래서 꿩 대신 닭이라고, 바스티유역에 내려 한 바퀴 둘러보고 집으로 돌아왔다.

▶4월 22일 미스트랄

지난주에 마치 겨울이 되돌아온 듯 추웠다. 우리가 갔던 사월 초의 아비뇽은 완연한 봄 날씨에 꽃이 만발하고 젊은이들은 반팔옷을 입고 다녔는데 지금 아비뇽에 간 숑가맘에 의하면 너무 춥고 바람이 어찌나 세게 부는지 눈 뜨기도 어렵고 걸어 다니기도 힘들고 말을 하면 입안으로 모래가 들어갈 지경이란다.
아마도 말로만 듣던 미스트랄인가 보다. 봄철에 론강을 따라 분다는 그 강풍.
그 여파인지 파리도 3~12도 사이로 많이 춥다.
내일 스트라스부르로 떠나야 하는데 옷을 어떻게 챙겨야 할지 판단이 서지 않는다. 예전에 갔을 때를 돌이켜 보면 파리보다 기온이 약간 낮았던 거 같으니 겨울옷도 있어야 하고 일시적인 이 추위가 지나면 바로 봄인데 얇은 옷도 있어야 하고.
기차 타고 캐리어 끄는 일이 예삿일이 아니라서 짐을 줄여야 하는데….

어쨌거나 짐 정리, 짐 정리 다 해 놓고 에펠탑에 불 켜지는 거 보러 갔다.
유럽은 사월부터 서머 타임이라 8시라고 해도 실제로는 7시인 셈이다.
9시 정각이 되니 사방에 어둠이 내리고 에펠탑에 반짝반짝 불이 들어왔다.
불 켜지기를 기다리던 사람들은 모두 핸드폰 카메라로 순간을 담았다.

에피소드 하나!
오늘 아침 일요장 야채 가게에서의 일이다.
유난히 줄이 긴 가게는 물건이 좋고 값이 적당할 확률이 높은 집이다.

그래서 손님들이 길게 늘어선 줄 끝에 우리도 섰다.

이 사람들은 자기 차례가 되어 주인이 봉주르 하면서 인사하기 전까지는 시크한 표정으로 기다린다. 나는 감자 5알, 양파 조금, 마늘 몇 통, 파 한 뿌리, 셀러리 한 뿌리, 사과 몇 알을 사야 하는데 어떻게 말을 걸어야 하나 눈을 데굴데굴 굴리며 기다렸다. 그래, 개수를 똑같이 5개로 통일하자. 점원이나 나나 서로 알아듣기 쉽게.

이런 가게 점원들은 영어를 전혀 못 하는 경우가 많다.

프랑스어로 엥, 두, 트와, 꺄흐트 그런데 5를 뭐라고 하지? 1에서 10까지 중 죽어도 5가 생각나지 않는다. 나도 머리에 쥐가 나지만 야채 가게 총각들도 외국인인 나를 대하고 싶어 하지 않는 기색이 역력하다. 그들의 눈알도 불안하다.

일요장의 생선 가게. 신선하기는 하나 생선은 가격이 비싸다.

내 차례가 되었을 때, "삭 트와!"라고 외치며 맨 첫 줄 감자 앞으로 달려갔다.

갑자기 봉지 3개라 하니 총각이 '뭔 말?' 이런 표정인데 내가 감자, 양파, 마늘 순서대로 가리키며 손가락 다섯 개 펴서 "파이브!"를 외치니 총각이 사태 파악하고 봉지에 세 종류 각각 5개씩 담았다. 내 앞에 있던 파 한 뿌리, 셀러리 한 뿌리는 손으로 집어 주니 받아 담는다. 내가 자신 있게 아는 프랑스어 뽐므 파이브를 외치니 점원이 뒤편에 있는 사과 5알을 담는다. 각각을 저울에 담아 올리기만 하면 저절로 계산이 쫙 끝나고 저울에서 총액이 그대로 고객 눈에 확인된다. 역시 싸다. 이 모든 게 10유료 미만이다. 이런 집은 현금만 받는다.

20유로 내니 10.15 거슬러 주면서 외국인을 무사히 응대한 총각이 '굿!'이라며 엄지척한다.

나이 먹은 할매의 잔머리 내공에 스스로 뿌듯하다. ^^

• 알자스 와인 가도 – 스트라스부르, 콜마르

▶ 4월 23일 스트라스부르

지난 2010년 겨울, 자정이 다 되어 가는 시각에 눈 덮인 방돔 광장 앞을 무거운 캐리어를 끌고 지나가면서 우리 숙소가 이 광장 주변이면 얼마나 좋을까 부러워하고 또 부러워했었는데. 오늘의 Arok 호텔은 스트라스부르 기차역을 나서면 맞은편에 딱! 눈에 들어온다.

스트라스부르에 처음 왔을 때는 마치 동화 속을 걷는 듯 감탄했었는데, 지금은 여기도 많이 관광지화되고 알게 모르게 변했다. 십 년이면 강산도 변한다더니.

도착해서 호텔에 짐 맡겨 놓고 내일 프라이부르그행 플릭스 버스 승차장을 확인하느라 스트라스부르 성당 하나만 겨우 둘러보았다.

스트라스부르 기차역

눈이 많은 지역이라 알자스 로렌의 지붕들은 급경사이다.

스트라스부르 대성당

▶4월 24일 프라이부르그(Freiburg)

일기 예보에 비가 오고 기온은 2~13℃라고 한다.

프라이부르그에 가려고 차표를 사 놓았는데. 비만 내리지 말아 달라고 기원하면서, 나름대로 옷을 두껍게 입고 길을 나섰다.

프라이부르그는 환경 도시라는데 어떤 장점이 있을까.

출발할 때 날씨는 간간히 햇빛도 비치고 기온도 괜찮아서 오히려 더울까 봐 걱정했다. 플릭스 버스도 제시간에 오고, 볼로냐까지 가는 버스라 그런지 좌석 상태도 지난번 몽생미셸 갈 때와는 비교도 안 되게 좋다. 차비도 기찻값의 반도 안 되는데 지난번 몽생미셸 왕복할 때 연착 보상으로 받은 3유로짜리 바우처까지 있으니 31유로로 두 명의 왕복표를 샀다.

승차하기 전에 여권 검사를 한다. Sophie 할매는 복대 안에 숨겨 둔 여권을 주섬주섬 꺼냈다. 마치 고쟁이 안에 숨겨 둔 돈을 꺼내듯이.

버스는 따뜻하고 기사는 운전을 잘했다.

매우 만족스러운 가운데 독일 땅에 도착했다. 남편 말로는 독일과 프랑스 경계를 넘는 순간 모든 게 조금씩 다르다고 한다. 뭔가 깔끔해지고 질서정연하게.

프라이부르그에 대해 아는 거라고는 40년 전, 친구가 이 동네 유학 온 동생 만나러 방학 한 달을 통째로 쓰면서 여행했다는 곳이란 것. 그래서 무조건 친근한 동네다.

유럽에서 모르는 동네는 일단 올드 시티(프랑스에서는 상트레빌)를 찾아가는 게 정답이다. 독일어로 올드는 Alt. 눈치로 길을 찾아간다.

멀리서 대성당 첨탑이 보이길래 그 방향으로 걸으니 성당이 나타나고 광장 마당에서 장이 섰다. 소시지 가게가 즐비하고 야채랑 과일 가게들도 늘어서 있으며 사람들이 모여들었다. 10시도 안 된 시간이라 우리는 일단 대성당을 둘러보기로 하고 안으로 들어갔다. 정면부터 대단한 규모이다. 그야말로 고딕이 뭔지를 제대로 보여 주는 위용! 입장료는 없는데 콰이어 주변은 막아 놓고 2유로씩 받는다. 돈을 받을 때는 이유가 있겠지. 돈 냈다고 보고 또 보고 또 보고 나왔다. 돈 내고 볼 만큼 가치도 있었다. 바깥은 너무 추워 서 있을 데가 없다. 4유로 헌금한 셈으로 하느님 덕분에 잠시나마 온기를 누렸다. 성당을 꼼꼼히 보고 기도도 하고 밖으로 나왔는데도 11시도 안 되었다.

소시지 사 먹고 사과 사고 딸기 사고 시장을 돌아도 12시가 안 됐다.

너무 춥다. 현지인들은 두꺼운 파카에 털모자를 쓰고 나왔다.

이게 봄날이냐! 화가 난다.

주변의 카페에서 커피를 마시고 몸을 조금 녹인 후 구도심을 다 둘러보기로 했다. 예전에는 트램 티켓 사기도 쉬웠는데 이번에 와 보니 충전용 티켓 같은 걸로 바뀌면서 언어를 모르면 표 사기가 몹시 어려워졌다.

어찌어찌 걷다 보니 도심 한가운데 있는 야산 정상까지 올라가 온 시가지를 내려다보고 다시 내려와 상가 지역도 둘러보았다.

거리 곳곳에 실개천처럼 작은 도랑을 만들어 놓은 걸 보니 이 동네는 물 맑고, 물 많은 알프스 산자락인가 싶다.

17시 20분 출발하는 플릭스 버스를 여유 있게 타려고 버스 정류장 근처에 미리 가서 기다리기로 했다. 플릭스 버스를 비롯한 시외버스 정류장이 프라이부르그 중앙역 바로 옆에 있어 길 찾기는 아주 좋다.

역에 딱 붙어서 인터시티 호텔이 있다.

2019년 독일 여행할 때 역세권 호텔이라 많이 이용했었는데 오랜만에 보니 반가웠다. 가성비 좋은 호텔로 기억한다.

프라이부르그역 바깥에 트램이 보였다. 가까이 가 보니 티켓 머신이 있는데 2.7유로란다. 돈을 정확히 넣으라고 안내하고 있다. 즉 거스름돈 없으니 알아서 하시라는 말이다. 동전을 세어 보니 센트짜리가 없어 3유로씩 6유로를 내야 한다. 한 시간여 정도만 여유 되는데 6유로는 아니지. 다시 기차역 대합실로 돌아와 그 돈으로 커피를 마시며 기다리다 버스 탈 준비를 했다. 그때 메일이 하나 들어왔다. 플릭스 버스가 연착한다고. 무려 1시간 40분! 한 시간이면 가는 거리를 1시간 40분이나 연착. 6유로 내고 트램 타고 시내 왔다 갔다 할 걸!

날씨가 추워서 핸드폰 배터리가 눈에 보이게 소모된다.

티켓 QR을 보여 주려면 핸드폰이 살아 있어야 하기에 기차 역사 안의 의자에 달린 USB 충전기 옆에 붙어 앉아 있으려니 추워서 화장실도 더 자주 갔다.

2019년에 0.5유로 할 때도 비싸다고 했는데 지금은 1유로씩 내란다. 버스 3시간 기다리며 화장실 두 번 가서 둘이서 4유로를 쓸 일이냐! 화장실 사용 후 영수증에 주변 가게 0.5유로 할인 쿠폰을 주는데 늦게 봐서 당장 쓸 시간이 없었다.

버스 연착은 버스 맘대로 하지만 15분 전부터 대기하지 않으면 혹시나 예상보다 일찍 오게 된 버스는 그냥 떠나 버린다. 준비성이 과잉한 우리 7080들은 그래서 30분 미리 가서 와들와들 떨며 야외에서 버스를 기다렸다. 1시간 50분 연착한 버스에 올라타니 프랑스 여자가 우리 자리에 앉아 있었다. 그러고는 아무 데나 앉으란다. 프랑스어로. 눈치가 그렇다. 우리가 1인당 1.8유로씩 좌석 지정료 낸 자리를! 지난번 기차에서도 어떤 여자가 그러길래 못 알아듣는 척하고 '마이 시트'만 외쳐서 자리를 확보했었는데 요런 얌체가 또 있다. 말도 섞기 귀찮아 뒷자리에 앉았다.
'프랑스 놈들!' 소리가 저절로 나오는 하루이다.
아침에 했던 버스 칭찬이 쏙 들어갔다.

프라이부르그만 둘러보자면 5시간 정도면 충분할 거 같고, 오래 머물러도 좋을 도시다.
기차역 옆 호텔을 거점으로 묵으면서 주변 도시를 당일치기 기차 여행하며 저녁에 조금 일찍 돌아와 주민처럼 구도심을 걸어 산책하기에도 이쁘고 차분하며, 비교적 물가 싼 좋은 동네로 보인다.

▶ 4월 25일 **스트라스부르**

어제 프라이부르그에서 추위에 너무 떨어 오늘 오전은 호텔에서 쉬었다가 점심을 나가서 먹고 저녁 무렵에는 트램을 타고 도시를 둘러보기로 했다. 식당을 검색해 보니 Le Kuhn이라는 곳이 평점도 높고 숙소에서 5분 이내 거리여서 1시쯤 그리로 갔다. 예약을 안 하고 갔더니 기다리는 사람이 많아 포기할까 하다가 대개 1시쯤 되면 우리나라에서도 손님들 식사가 끝나 가는 시간이니 기다려 보기로 하였다. 예상대로 손님들이 일어서기 시작하고 우리도 금방 자리에 앉았다.

영어 메뉴판 가져다주면서 5분 후에 오겠단다. 스타터로 전통 샐러드 하나, 전통 플람베, 앙트레꼬테 스테이크와 맥주 두 잔을 시켰다. 샐러드는 야채 조금, 따뜻한 소시지와 독일풍 양배추가 나왔는데 무지 맛있었다. 웨이트리스에게도 맛있다고 엄지척하고는 본 메뉴를 기다리니 플람베와 스테이크가 나왔다. 큼직한 쇠고기가 감자튀김 한 접시랑 나오는데 일단 크기에 기가 질리고 고기가 질겨 질겁한 남편이 거의 손을 대지 않았다. 우리는 반을 남기고 나왔지만, 맛집답게 요리 잘하고 식사량이 많고 고기 좋아하는 사람들에게는 좋은 식당이다. 우리같이 소량, 채식성들은 플람베 하나, 샐러드를 스타터 말고 디쉬로 주문했으면 참 좋았을 것 같다.

다시 호텔로 와서 쉬다가 저녁 무렵 트램을 타러 나갔다.

스트라스부르로 오던 첫날, 트램 표 사느라 발권 기계 앞에서 씨름을 하던 중 이 동네 주민처럼 보이는 신사가 도와주다가 우리 트래블카드로는 결제가 안 되어 포기하니까 자기 돈으로 표를 사서 주었다. 갑작스러운 상황이라 뭐라고 해야 할지 몰라 당황하니 여행 잘하라며 간다. 세상 곳곳에 따뜻한 사람들이 작은 친절을 베풀어서 우리가 점점 좋아지는 세상을 사는 것 같다.

트래블카드가 발권 머신에서 표를 살 때 자주 거부를 당한다. 역무원에게 사면 문제가 없다. 트램 표를 읽어 보니 1시간 내에는 동일한 티켓으로 타고 내려도 된다는 뜻인 거 같다. 트램이든 버스든. 트램을 타고 내리기를 반복하며 다녀 보니 걸어서 올드 타운 주변만 볼 때와는 또 달랐다, 스트라스부르는 아주 큰 도시이다.

조카 주현이가 몇 년 전 교환 학생으로 왔었는데 어디쯤 있었을까 유심히 살펴보았다. 스트라스부르 내셔널 시어터 부근에 총명해 보이는 젊은이들이 많이 타고 내리는 걸 보아 아마도 이 부근이 대학가가 아닐까 추측을 해 본다.

꽃들이 실제로는 방사형으로 식재되어 있지만 사진에는 저렇게 직선이다.

▶ 4월 26-28일 **알자스 와인 가도 La Route des vins d'alsace**

스트라스부르에서 콜마르로 자리를 옮겨서 알자스 와인 가도에 있는 예쁜 동네 몇 군데에 가 보기로 계획을 세웠다. 아는 게 힘인지, 병인지 살아 보니 헷갈리기도 하지만 10여 년 전 택시 타고 일일투어 했던 지역이라 이번엔 그 아는 거에 기대어 계획을 세워 길을 떠났다.

26일 아침 9시 13분발 콜마르행 기차를 예매하고 9시가 덜 되어 플랫폼에 서 있었다. 전날 미리 답사해서 스트라스부르역 구조는 훤했다.

9시 6분 지나니 우리가 기다리는 플랫폼으로 프랑크푸르트행 기차가 들어와 승객들이 많이 내리고 탔다. 우리 기차는 언제 오나? 혹시나 해서 역무원에게 표를 보여 주니 이 기차가 콜마르를 지나간단다. 기차 출발 1분 전에 허둥지둥 올라탄 우리는 가슴을 쓸어내렸다.

돌다리도 두들겨 봐야 하고 선입견을 가지면 큰코다친다. 그렇게 놀라서 탄 기차를 30분도 채 못 타고 콜마르역에서 내려 예약해 둔 브리스톨 호텔로 가서 짐만 맡기고 나왔다. 에귀샤임(Eguisheim)으로 가는 버스를 알아보니 오전엔 차가 없어 택시 타고 가라고 한다. 6km 정도 거리에 24유로 내라고 한다.

알자스는 와인으로 유명한 동네이고 그 알자스 지역을 북에서 남으로 구슬처럼 거의 한 줄로 엮어 포도 농장, 와이너리, 작은 마을들이 발달해 있다. 그중 몇몇 동네는 마을 집들이 동화 속처럼 예뻐서 유럽 사람들도 가고 싶어 하는데 승용차로 가면 쉬우나 대중교통 버스는 하루에 몇 대 없어 시간 맞추는 게 어렵다.

어제와 오늘 에귀샤임(Eguisheim)과 리퀘비르(Riquewihr)를 가 보니 콜마르역 나가서 바로 오른편에 있는 버스 정류장에서 버스 타면 아주 쉽게 그 마을 입구에 내려 준다.
Eguesheim은 발음이 에귀셈이라고도 들리고 에귀샤임이라고도 들린다. 그리고 Riquewihr는 에귀샤임보다는 큰 마을인데 발음이 진짜 어렵다. 리퀘비르는 독일식, 프랑스어는 히퀘우흐와 비슷하다. 내 능력 밖이라 버스 기사에게 그냥 글씨를 보여 주고 버스를 확인했다.

콜마르 버스 정류장 기둥마다 손바닥만 한 시간표에 행선지와 버스 출발, 도착 시간이 깨알 같은 글씨로 쓰여 있다. 구글 지도에서 대략 원하는 시간을 넣어 검색하면 출발 시간이 나온다. 아무리 10시를 쳐도 12시 10분이 나오면 버스가 12시 10분부터 운행한다는 뜻이고, 돌아오는 시간도 반드시 확인하고 돌아오는 버스 타는 장소도 기사에게 확인해 두어야 안전하다. 버스비는 1인 4유로. 택시비보다 훨씬 싸지만, 일행이 4명 이상이거나 시간이 없으면 택시라도 탈 수밖에. 요즘은 관광 시즌이라 그런지 알자스 와인 가도 투어 버스도 운행한다.
알자스는 백포도주 리스링이 유명하다.
스템과 풋 부분이 초록색인 와인 잔이 많은데 이것은 포도 줄기를 의미하는 알자스 와인 잔의 상징이란다. 너무 예뻐서 작은 와인 잔 두 개를 구입했다.

에귀샤임과 리퀘비르 두 동네 모두 참 이쁘다. 그리고 마을을 잘 가꾸는 이들의 공동체 정신에 탄복하게 된다. 모든 것은 개성 있게, 그러나 결코 혼자만 튀지는 않게. 여주로 돌아가면 반성하고 정원 관리에 신경 써야겠다.

어제와 오늘, 저녁 시간에 짬짬이 콜마르에 들렀다.

알자스 와인 가도에 있는 빌리지들보다는 훨씬 규모가 큰 도시이다.

관광객이 늘어나니 2010년에 보았을 때보다 잘 정돈되어 있다.

▶ 4월 28-30일 Dijon, Lyon

벌벌 떨며 나는 늘 왜 이럴까 자책하면서 파리행 비행기에 오른 게 엊그제 같은데 이곳 생활도 벌써 두 달이 다 되어 간다. 동생과 헤어지고 남편과 둘이 다닌 지도 한 달이 훅 지났다.

콜마르에서 예정대로 알자스 와인 가도 여행을 무사히 마치고 디종에서 2박 3일 지내려고 가장 저렴한 표를 찾으니 스트라스부르에서 11시 25분에 출발하여 뮐루즈(Mulhouse)에서 갈아타 디종(Dijon ville) 가는 기차가 있다. 이제 기차 환승은 무서워하지 않고 해낼 수 있다. 내가 생각해도 기특하다.

디종에 도착해서 역 앞에 구해 놓은 호텔에 짐을 맡기고 트램 티켓 2장을 사서 종점까지 갔다 왔다. 트램이 T1, T2 두 종류인데 일단 T1을 탔다. 디종 도시 사이즈를 대략 보려고.

그러고는 디종역 뒤편에 붙어 있는 정원 Jardin de L'arquebuse에 가 보았다.

공원 크기도 제법이지만 나무와 꽃을 심고 가꾼 솜씨가 보통이 아니다. 심어 놓은 꽃들의 색과 모양의 조화가 감탄이 절로 나게 한다.

호텔 체크인 후 잠시 쉬었다가 걸어서 올드 타운을 돌아보았다. 디종역에서 트램 길 따라 오른쪽으로 계속 걸어가면 개선문을 닮은 William gate가 나온다. 그 문을 관통하여 길 따라 쭉 걸어가면 관광 명소는 거의 다 근처에 있다. 2.2유로나 주고 트램이나 버스를 탈 필요 없이 걸어서 가도 충분하다.

디종은 왜 왔냐?

그냥. 디종 머스터드도 있고 하니 그냥 궁금해서.

예전에 영국에 갔을 때 카디프에 간 적이 있다. 그냥 발음이 이국적이라. 디종이나 카디프나 나름대로 매력이 있는 도시이긴 하나 나같이 시간 여유가 있거나 쓸데없이 호기심 많은 사람이 찾아가는 곳 같다.

디종에서 2박 3일을 계속 있기는 왠지 아쉬워서 하루는 리옹에 가 보기로 하였다. 리옹은 프랑스 제2 도시답게 아주 크다. 예전에 리옹에 간 적도 있고 동생의 조언도 있어서 일단 푸니쿨라 타고 산꼭대기 바실리카로 가기로 했다. 티켓 머신에서 티켓 사서 C9번 버스를 탔다. 강 건너 좌회전 후에 내렸는데 푸니쿨라 승강장 앞에 가 보니, 리옹역 앞에서 지하철을 타면 바로 푸니쿨라를 탈 수 있는 위치에 내리게 된다. 티켓도 티켓 머신을 잘 들여다보면, 3.6유로에 버스나 지하철과 푸니쿨라를 이어서 왕복으로 탈 수 있는 티켓이 있다. 우리는 무턱대고 허둥지둥 표를 사느라 버스 따로 푸니쿨라 따로 사서 둘이서 피 같은 3.6유로를 더 썼다.

바실리카로 올라갔다가 푸니쿨라 타고 내려와서 천천히 그 아래 올드타운을 둘러본 후에 걸어서 기차역까지 가면 여행 시간이 바쁜 사람들도 하루에 충분히 리옹을 다 볼 수 있다.

리옹의 바실리카는 대단하다.

2011년에 왔을 때는 뭔 이유가 있어서 입장이 안 되었는데 이번에 들어가 보니 바실리카 하나만으로도 리옹 가는 보람이 있었다.

그런데 올림픽으로 파리 치안은 좋아졌지만 파리 소매치기가 다른 도시들로 원정 갔다더니 나도 오늘 소매치기를 당할 뻔했다. 버스에 오르는데 예쁘장한 여학생이 영어 할 줄 아냐고 뭐라 뭐라 물으면서 자꾸 붙길래 느낌이 이상해서 가방을 보았더니 어느새 지퍼가 반 이상 열려 있었다. 지갑을 맨 밑바닥에 넣고 안경집이랑 필통을 그 위에 두었기 망정이지 여차하면 다 털릴 뻔했다. 바실리카에서 리옹역으로 돌아오는 길에서 남편 백팩 지퍼가 반쯤 열려 있었다. 어쩐지 자꾸 잡는 느낌이 들어 돌아보니 반이 열려 있더란다. 누가 자꾸 옆으로 붙는 느낌이면 무조건 조심해야 한다. 영어로 말을 붙여도 대꾸하지 말고. 일부러 못 알아듣게, 말도 안 되는 언어로 정신을 혼란케 한다. 두세 명 이상 무리를 지어 다니고 한 명이 말을 건다. 남편이 "저렇게 어리고 귀여운 애들이 소매치기냐."라며 어이가 없어 한다.

바늘 도둑이 소도둑 된다고, 안타까운 일이다.

리옹은 산꼭대기 바실리카를 보고 천천히 걸어 내려와서 강가에 앉아 바람을 맞으며 석양을 바라보면 정말 멋지다.

예전엔 5월 맑은 날에 와서 1박 했으니 그게 가능했는데, 이번처럼 시간이 빠듯하거나 갑자기 비가 내리고 추우면 다 소용없다.

리옹에서 디종 가는 기차 창밖으로 이어지는 풍경이 평화롭다.

목장들이 많은지 초원 위에 소들도 한가로이 있고 옹기종기 모인 집들이 정겹다.

프랑스는 시골이 살아 있는 나라다.

오늘 아침 체크아웃하고 파리행 기차 타기 전에 디종의 올드 타운을 다시 갔다.

디종역에서 트램 길 따라 900m 정도 쭉 걸으면 Darcy라는 버스 정류장 부근에 개선문 닮은 Williame gate 아래로 걸어 들어가니 일요일 오후와는 또 다르게 고요하고 새소리까지 들려서 아주 좋다.

10시 좀 넘어서 노트르담 성당에서 미사가 시작된다는데 기차 시간 때문에 마음이 불안하여 바로 나왔다.

디종은 화요일에 장이 서나 보다.

노트르담 앞에서 시작해 상설 시장 주변에 길게 장이 섰다. 일요일 오후에는 시장 건물이 문을 닫아 그게 시장인 줄 몰랐다. 다종의 유명한 디종 머스터드 가게에서 머스터드 몇 병 사고는 기차를 타기 전 우리가 애정하는 리옹역 뒤편 Jardin de L'arquebuse에 또 가서 벤치에 앉아 새소리를 들으니 세상이 더할 수 없이 평화롭다.

디종

리옹 강가 조각상. 제목이 〈삶의 무게〉란다.

리옹

▶ **5월 1-3일 파리 식물원, 다시 뤽상부르 공원**

일주일을 스트라스부르 주변을 떠돌다가 파리 집으로 돌아오니 여기도 집이라고 호텔과는 또 다른 편안함이 있다.
그러나 4월이 끝나고 5월이 시작되는데 여전히 춥고 비가 내린다.
'파리는 안개에 젖어.' 그건 노래 가사일 뿐 현실은 좋지 않다.
5월 1일은 노동절이라고 온 동네가 놀고 2일은 파리 북역으로 가서 겐트행 플랫폼을 확인하고 모뜨삐께역 옆에 있는 모노프리에 가서 남편의 애정 식품, 잠봉과 소시지를 샀다. 안국동 소금집 잠봉뵈르도 무척 좋아하는 남편은 모노프리 매장 내에 직접 파는 진짜 맛있는 잠봉을 사러 가는 걸 몹시 재미있어한다. 영어를 못해 긴장한 점원에게 "잠봉 트와 썽 그람 실부쁘레."라며 주문하는데, 이 정도 아는 것도 안다고 소통이 된다.
100프로 무식과 99프로 무식의 차이.

3월 24일 남편이 드골 공항에 도착하고부터 동생과 헤어져 벌벌 떨면서 니스 여행을 시작했는데 어느덧 40일이 지나고 4~7일에 겐트 갔다 오면, 8일에 남편과 제부는 한국으로 떠난다.
남자들을 보내야 편하게 여자들끼리 집 정리, 짐 정리도 하고 눈치 안 보고 쇼핑도 할 것이다. 막상 간다고 하니 어쩐지 시원섭섭하다.
그래서 남편이 한국으로 떠나기 전, 파리에서 남은 날이 5월 3일 딱 하루!
그동안 가 본 곳 중에서 파리의 어디가 제일 마음에 드느냐 물으니 뤽상부르 공원이라고 한다. 지도를 꼼꼼히 들여다보니 파리 식물원과 뤽상부르는 가깝고 이 양반은 식물원을 좋아한다. 게다가 파리 식물원은 입장료가 없으니 두 군데를 엮어서 가 보기로 했다.

지하철 10호선을 타고 Austerlitz역에 내려 Jardin de plantes라는 이정표를 따라가면 파리 식물원이 나온다.

파리 식물원 입구에서 멀리 보이는 중앙 건물이 동물원이고 식물원, 광물학 박물관, 자연사 박물관 등이 좌우에 늘어서 있다.

식물원은 공짜이나 식물원 내에 있는 온실, 동물원, 광물학 박물관, 자연사 박물관 다 돈 내고 들어간다. 후기를 보니 파리 식물원은 호오가 갈리던데 정원에 관심 있는 남편은 아주 좋아하고 내 눈에도 가 볼 만한 곳이었다. 온실은 반쪽이 폐쇄된 데다가 제주도 여미지식물원 반의반만 한 곳을 9유로 내고 들어가니 화가 나는데 다른 박물관 입장료 낼 때 할인해 줘서 그나마 용서가 되었다.

동물원은 패스하고, Mineralogy 즉 광물학 박물관은 개인적으로 아주 재미있었다. 평소 잘 보지 못하는 광물의 결정체들, 운석들, 특이한 광물들이 잘 배치되어 있었다. 남자 손바닥 크기 정도의 순금은 5kg이 넘는데 이는 금이 밀도가 높아 같은 부피의 돌보다 4배 이상 무겁기 때문이다. 자연사 박물관은 얼핏 보기에는 뉴욕이나 런던 자연사 박물관보다는 작고 소장품도 덜 다양하지만 엄청난 양의 뼈들이 조립되어 있다. 자연사 박물관에 들어서면 뼈다귀들이 몰려온다! 과학에 관심이 많은 사람들에게는 강추이지만, 인문학 성향이 강한 사람들은 그다지 좋아하지는 않을 듯하다.

입장료 공짜에 현혹되어 파리 식물원 갔다가 식물원을 에워싼 박물관들에 거금을 쓰고 걸어서 20분 정도 거리에 있는 뤽상부르 공원에 갔다. 여기는 3월, 4월, 5월에 한 번씩 갔더니 파리의 계절 변화가 바로 느껴진다. 아직은 비 오고 쌀쌀한 날들이 많아도 뤽상부르는 이미 찬란한 봄이다.

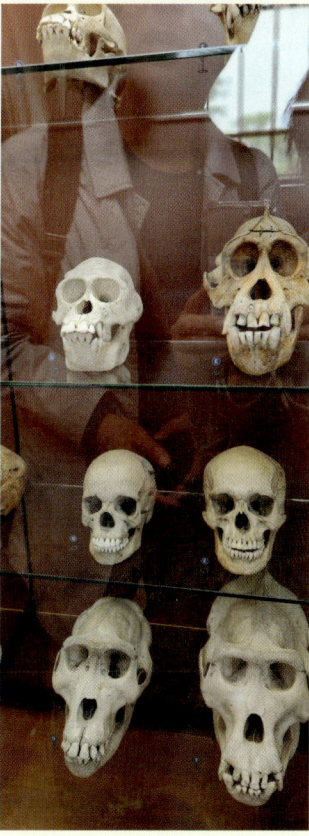

- 벨기에

▶ 5월 4일 Gent(Gand) 가는 길

4~7일까지는 겐트에서 머물면서 브뤼셀(Bruxelles)과 브뤼헤(Brugge)를 다녀오기로 계획을 세웠다. 파리 북역 Gare de Nord에서 SNCF를 타고 릴 플랑드르(Lilles Flandres)에서 꾸트레(Coutrai)행 TER로 환승했다. 다시 꾸트레(Coutrai(Kortrijk))에서 겐트(Gent(Gand))로 가는 기차를 타고 겐트 중앙역에서 내려 예약한 호텔로 찾아갔다. 파리를 떠나 릴로 가는 도중의 풍경은 어쩐지 플랑드르라는 이름이 더 어울리는 느낌이다.
꾸트레를 벗어나니 프랑스의 느낌은 조금씩 사라지고 독일적인 느낌이 난다.
길가 집들의 지붕 색도 검거나 회색이 주류이고 벽체도 프랑스의 흰색이나 크림색보다는 회색이 더 많이 보인다.
남편의 말이, 분위기가 묘하게 달라진다고 한다.
그리고 지붕에 태양광 패널을 얹은 집들이 아주 많다. 우리도 여주 집에 태양광 발전 시설을 하였기에 저절로 관심 있게 보게 되었다. 패널 개수를 세어 보니 10개가 넘는 집들이 대부분이다. 20개 정도인 집들도 제법 보인다. 저 정도이면 가정에서 필요한 냉난방 및 전기 에너지가 거의 해결될 것으로 추측된다. 평원인데도 풍력 발전기도 더러 보인다. 앞으로 세계적으로 에너지 공급의 흐름이 어떻게 변화될지 조금은 예측이 된다.
겐트역은 공사가 한창이라 출구가 군데군데 막혀 있다. 정면으로 나가서 호텔을 찾아야 하는데 뒤쪽으로 잘못 나가서 길을 좀 헤매기는 했지만, 덕분에 엄청난 자전거 주차장을 보았다. 유럽은 우리가 생각하는 이상으로 환경에 관심을 많이 가지고 적극적으로 실천하고 있는 것으로 보인다. 일찍 도착한 덕분에 겐트역 주변을 돌아보고 체크인해서 방에서 좀 쉬다가 저녁에 나가서 겐트를 슬렁슬렁 돌아보았다. 겐트는 앞으로 이틀간 브뤼셀과 브뤼헤에 다녀온 오후에 천천히 돌아보기로 했다. 나이를 먹으니 의욕만으로는 살 수가 없다. 조금만 피곤해도 눈에 핏줄이 터진다.

▶ 5월 5일 브뤼셀(Bruxelles)

오늘은 어린이날.

우리 아이들이 알아서 잘 지내고 있는 덕분에 우리가 마음 편히 프랑스를 주유할 수 있어 아이들에게 감사하다.

이른 아침 식사가 힘든 나는, 남편과 아침은 각자 해결하기로 합의를 보았다. 얼마 전까지도 여행 중에는 준비해 온 아침을 같이 먹었는데 여기는 냉장고도 없고 호텔 여건이 여의치 않았다. 저녁은 준비해 온 대로 한식으로 먹고, 아침에 남편은 혼자 호텔 조식 먹으러 내려가고 나는 더 누워있다가 커피와 과일을 조금 먹었다.

혼자 내려갔던 남편이 만족한 표정으로 돌아왔다. 호텔이라 혼자 먹는 게 어색하지 않았고, 리셉션 직원에게는 와이프가 잔다고 했단다. 조금씩 독립심이 생기니 다행이다.

겐트에서 브뤼셀까지는 브뤼셀 존이라고 차표에 표시된다.

우리는 시니어 왕복표를 샀더니 할인이 많이 됐다. 브뤼셀 가는 길에 브뤼셀 zuid 또는 midi라는 역이 먼저 나오는데 눈치로 보아하니 여기는 브뤼셀 남역이고 뭐라 뭐라 나오는 방송이 우리가 파리로 갈 때 환승할 역이다. 당연히 방송에서 나오는 그 긴 멘트는 못 알아듣고 오로지 파리 커넥션이라는 단어와 이동하는 승객의 숫자로 추론한 것이다.

7일, 파리 CDG로 가는 우리 기차표에, 파리에서 겐트로 올 때처럼 릴 플랑드르에서 환승이 아니고 브뤼셀 midi에서 환승이라고 되어 있다. 경험이 주는 엄청난 교육 효과이다.

나의 JQ 잔머리 지수에 스스로 쓰담쓰담!

파리 북역으로 가는 기찻값은 둘이 240유로가 넘는데 드골 공항으로 가는 기차는 110유로로 해결되니 공항에서 파리 시내 가는 차비가 각 13유로씩 26유로를 더해도 훨씬 싸다.

브뤼셀에서는 남편이 책임지고 조사해 온 곳들을 보기로 했다.
브뤼셀 센트럴역을 나오니 바로 구시가로 이어지고 그랑 플라스에 들어서니 모든 것이 한눈에 들어왔다! 광장을 시청사, 박물관 등등이 빙 둘러싸고 레스토랑들이 즐비하다. 그중 어쩐지 있어 보이는, 볕 잘 들고 전망 이쁜 레스토랑에서 돈을 좀 쓰기로 했다. 벨기에 맥주를 시키고 뮬(홍합), 소시지 요리를 시켰다. 잘한 선택이었다. 천천히 식사하면서 주변 건물들을 감상하고 식사 후에는 이 골목 저 골목 보다가 2시 45분에 겐트행 기차를 탔다. 호텔로 돌아와서는 그대로 뻗는 바람에 오후 겐트 구경은 다 날아갔다.

▶ 5월 6일 **브뤼헤(Brugge)**

가끔은 뒤로 자빠져도 코가 깨지는 날이 있다. 오늘이 그런 날이다.

낮에 비 예보가 있어 비 오기 전에 부뤼헤를 일찌감치 다녀오기로 하고 서둘러 Gend-sint-peiters역으로 가서 익숙한 솜씨로 브뤼헤 가는 기차표, 시니어용 왕복 두 장을 뿌듯하게 샀다. 가장 먼저 출발하는 기차가 5분 후 떠나는 걸로 SNCF 앱에 떴다. 남편이 기차표 발권할 때 보니 기차는 9라인에서 곧 떠난다고 전광판에 나오더란다.

우리는 시간을 절약하고자 정신없이 뛰어 9라인에서 기차를 탔다. 성취감에 웃고 있는데 검표원이 우리 표를 보더니 잘못 탔다고 한다. 이러저러하게 갈아타라고 해서, 내려서 다시 탔는데 갈아탄 기차에서 검표원이 또 우리가 잘못 탔단다. 다음 역에 내려서 알려 준 대로 다시 갈아탔다. 무슨 영문인지도 모르면서 탔다 내렸다를 반복하여 22분이면 갈 거리를 1시간 40분 만에 갔다. 애초에 기차역 중앙 홀 전광판에서 기차 시간과 플랫폼을 꼼꼼히 확인해야 했다.

차 시간이 정해진 표가 아니라서 이번 기차 놓치고 다음 기차를 타도 아무런 문제 없는데, 성급한 빨리빨리가 발동하여 이리저리 뛰기만 하고 실수가 걷잡을 수 없이 이어진 것이다.

젊은 시절 교통 법규 지키기 표어 중에 '5분 먼저 가려다가 아주 먼저 간다'라는 게 있었는데 나한테 하는 말 같다.

급할수록, 천천히! 늙은이 둘이 이역만리에서 발목이라도 삐끗하면 어쩌려고 또 그렇게 효율성에 목을 매고 서둘렀나.

'까라면 까라. 안 되는 일도 되게 하라'는 모토의 독재 시대를 살아 낸 슬픈 습성이라고 변명을 해 본다.

일기 예보에서 1시부터 내린다는 비는 여지없이 내릴 테니 우리는 비 오기 전에 배를 먼저 타야 한다고 선착장으로 내달렸다. 12시 35분에 출발하여 30분 동안 운행하는 배를 타고 실개천을 돌아보니 참 좋다! 브뤼헤의 멋진 건물들이 거의 화보 사진 각도로 다가온다. 수로에는 백조들이 많은데 하얀 엄마 백조 등에 회색 솜뭉치 같은 백조 새끼들이 올라타고 있었다.

주먹 크기의 동그란 공 같은 백조 새끼가 귀엽기만 한데, 오리 새끼와 비교하니 미운가 보다. 언제나 비교가 문제야.

배 타는 돈이 전혀 아깝지 않았다. 원 없이 사진을 찍으며 즐거워하는데 유럽의 과학은 정확하여 1시 5분 전부터 비가 쏟아졌다. 거의 배에서 내릴 무렵이라 그나마 다행이었다.

비도 피할 겸 음식점에 들어가 주문을 하고, 맛있는 점심을 먹었다. 카드로 계산을 하는데, 82유로가 나왔다. 팁을 지불하겠느냐고 웨이터가 묻는다. 이번에 와 보니 프랑스에서 주로 카드 결제하고 팁을 거의 안 내던데, 올해 프랑스에 온 후로 처음 있는 경우라 처음엔 뭔 말인지 못 알아듣다가 팁으로 8유로를 내겠다고 했다. 남편이 나중에 계산서를 자세히 보니 83유로 찍혔단다. 1유로 더 받자고 팁 물어본 건 아닐 터인데 이상하다 싶어 곰곰이 생각해 보니 내가 '에잇 유로'라고 발음한 것을 '엥 유로' 즉 1유로로 생각했나 보다. 8유로 팁을 주었는데 반응이 신통치 않다 싶더니 웨이터는 1이라 듣고 그것도 팁이냐 했겠다. 영어로 물어 놓고 불어로 듣는 그 사람이나 똘똘히 발음 못한 나 서로가 서투르다 보니 더 긴장했나 보다.

여유도 역량이 되어야 나오는 것 같다.

비가 계속 내리기에 부뤼헤는 배 타고 돌아본 것으로 만족하며 겐트로 돌아갔다. 부뤼헤에서 겐트로 가는 길은 단순하기 그지없었다.

겐트를 너무 대충 보는 것 같아서 기차역에 내려 트램 왕복표를 두 장 끊었다. 올드타운을 다시 한번 돌다가 호텔로 돌아갔다.

몹시 피곤하다.

공연히 돈 쓰고 애쓰고 피곤해서 녹초 되고. 삶이 코미디다.

▶ 5월 7일 **겐트(Gent)**

겐트에 와서 4일 중 3일이나 비가 왔다.

특히나 겐트 구시가를 다닐 때마다 비가 왔다.

숑가맘이 그러는데 날이 맑은 날 해 질 녘 겐트 강가를 따라 구시가를 하염없이 걸으면 그렇게 좋을 수가 없단다.

우리는 3일 동안 빗속을 걸어서 그만큼 좋은 줄은 모르겠지만 아름다운 도시인 건 확실하다.

▶ 5월 7-8일 **회자정리**

어제 겐트에서 파리로 돌아올 때는 브뤼셀 midi(zuid)역에서 환승하여 드골 공항에 내리는 차표였다. 파리 북역으로 들어오는 기차는 2명이 240유로가 넘는데 CDG 에어포트 가는 표는 120유로가 안 되니 반값이다. 브뤼셀 midi에서 환승한 후 기차 노선을 자세히 들여다보니 스트라스부르까지 가는 기차인데 에어포트 다음 정류장이 라발레역이었다. 라발레는 두 번이나 갔던 역이라 익숙하고 집에서도 가까운 데다 RER을 이용해도 되니 차비가 5유로씩 10유로면 된다. 그래서 검표원에게 노선을 보여 주면서 이 표로 라발레에 내려도 되냐고 물으니 된단다.
라발레에 내려 씩씩하게 파리에 들어가는 RER 표를 어려움 없이 샀다. 이렇듯 나날이 똘똘해지면 파리에 일 년은 더 살아야 하지 않을까 하는, 근거 없는 자신감에 삶의 용기가 생긴다.

남편들이 파리를 떠나기 전날인 어제, 우리 막둥이며 유일한 현역 남 대표님의 후원으로 우리 자매 두 부부가 파리에서 처음이자 마지막 저녁 식사를 함께했다.
그리고 오늘, 제부와 남편이 한국으로 떠났다.
걱정이 많은 우리는 일찌감치 택시를 타고 드골 공항에 도착해서 한 사람은 아시아나, 한 사람은 대한항공을 타고 떠났다. 남편은 떠나가면서 행복한 시간이었다고 어떻게 흘러갔는지 모르겠다는 이쁜 말을 하였다.
행복한 시간은 날개를 달고 지나고, 고통에 시달릴 때는 이 또한 지나가리라고 되뇐다.
모든 만남은 헤어지고, 시작된 일은 끝이 있어, 상황은 두 달 전으로 리

셋되었다. 콩나물시루에 콩나물이 자라듯 그동안 우리도 알게 모르게 성장했으려나?

- 루앙

▶5월 10일 **루앙(Rouen)**

루앙은 노르망디의 주도, 잔 다르크가 처형당한 곳이다.
에트르타, 옹플뢰르로 가느라 르아브르까지 기차 타고 갈 때마다 지나가던 곳이다.
그 루앙을 당일 코스로 다녀왔다.
생 라자르역에서 8시 14분 TER을 탔더니 완행으로 간다.
사람들 대부분이 모네의 정원 가느라고 지베르니에서 내렸고 우리는 더 가서 9시 46분에 루앙에 도착했다. 기차역을 나와서 곧바로 Centre 방향으로 갔더니 시청이 나왔다. 시청사 앞에는 나폴레옹의 기마 동상이 있다. 나폴레옹은 여기서 무슨 중요한 일을 했을까?

시청사를 지나 아늑한 공원 안에 있는 성당을 뺑 둘러보고 계속 걸어 루앙 대성당, 그리고 계속 걸어 시계탑까지 갔다.

금요일이라 관광객도 많고 우리나라 농악패 같은 리듬으로, 전통 의상을 입고 거리 행진하는 공연단이 있어 분위기는 흥겹고 들썩들썩했다.

잔 다르크가 처형당한 자리에 세워진 성당.

그 성당은 Vieux marche라는 시장 옆에 세워져 있다. 잔 다르크의 비장함은 없는 아주 현대적인 디자인으로.

루앙은 아름다운 도시이다.

돌아올 때는 노르망디를 대표하는 Nomad라는 기차를 타고 논스톱 직행으로 생 라자르역까지 갔다.

나날이 파리 살기 내공이 높아진다.

아일랜드 여행

▶ **5월 12일 에어프랑스 타고 더블린에 왔다**

파리보다 약간 더 쌀쌀한 날씨에 비가 내린다. 다행히도 호텔은 중심가 오코넬 다리 옆에 위치하여 찾아가기가 쉬웠고 오랜 여행에 지쳐 12일과 13일은 거의 방콕 수준으로 쉬었다.

역시나 비가 내린다.

오코넬 다리 사거리에 있는 오코넬 동상

▶ 5월 14일 자이언츠 코즈웨이, 다크 헤지스, 벨파스트 당일 투어

아일랜드는 처음 방문하는 곳이라 외곽으로 나가는 여행은 아일랜드 여행사 패키지로 가기로 했다.

코즈웨이 당일 투어는 영어 가이드이다. 새벽 6시 45분에 휴 레인 갤러리 앞에 있는 투어 버스 타는 곳에 모여 예약한 표를 검사하고 출발해서 당일치기 여행을 하고 더블린으로 다시 돌아오는 투어이다. 좌석이 지정되지 않아 오는 대로 앉는데 거의 30분 전부터 모이기 시작하여 출발 15분 전에는 모두 왔다.

주상 절리가 장관인 코즈웨이 해안가로 가는 길에 폐허로 남은 던루체성을 차창으로 보면서 지나갔다. 코즈웨이에서는 2시간 정도 자유 시간을 가져서 해안 절벽 위를 길 따라 올라갔다가 해변으로 내려가서 일행과 합류했다.

여기까지 와서 이런 말 하기는 좀 그렇지만 성산일출봉과 우도가 섞인 듯한 느낌이다. 성산일출봉보다는 경사가 완만하여 오르기 편안하고 푸른 초원과 멀리 바다를 바라보니 속이 시원했다. 화창한 날씨였다면 더 없이 좋았겠지만 안개 낀 바닷가의 아득한 느낌도 나름대로는 좋았.

주상 절리는 규모가 대단했다. 지질학의 교과서 수준이다.

다크 헤지스에 들어가는 초입은 마술 세계로 들어가는 것처럼 조금은 무섭고 긴장되는 분위기이다. 마치 영국 남부 지방 코킹톤 마을 입구로 들어설 때처럼.

잠깐의 숲길을 지나면 너도밤나무가 줄지어 늘어선 길이 나온다. 그 숲길을 10여 분 걷는다. 주변엔 평화로운 목장이 보인다.

마지막으로 도착한 벨파스트는 더블린보다는 훨씬 세련되고 부티가 나는 동네처럼 보인다. 2시간의 자유 시간 동안 다른 이들은 타이타닉 뮤지엄에 가기도 하고 이러저러한 쇼핑을 했지만 우리는 항구에 가서 잠시 바다를 둘러보다가 근처 바에 앉아 쉬어 가기로 했다.

피시앤칩스와 맥주를 시키고 느긋이 앉으니, 좋다.

▶ 5월 15일 더블린 시내를 돌아보는 날

처음 더블린에 온 날은 비 오고 추워서 도시 인상이 어수선하더니 자꾸 봐서 그런가, 날이 맑아 그런가 조금씩 좋아 보인다.

트리니티대학교를 중심으로 구시가지로 들어서면 오밀조밀 옛 건물들이 있고 이름난 장소들이 많아서 적어도 이틀은 투자해야 더블린을 보았다고 할 수 있겠다.

아일랜드 사람들의 애국심, 자부심이 곳곳에서 묻어 나온다.

나는 아일랜드에서 제일 큰 공원이라는 피닉스 파크에 가고 싶어서 물어 물어 찾아갔다. 사슴과 말이 옆에서 거닌다는 설명에 홀려서. 자전거를 빌려 초원의 바람을 맞으며 달려 보리라.

환상은 여지없이 깨지고 잘못 내린 공원에서 출구를 찾아 뱅뱅 돌다가 천신만고 끝에 더블린 시내로 돌아가는 버스를 타고 가다 보니 사슴도 있고 자전거 빌려주는 곳도 보였다.

자유여행을 하다 보면 길 헤매느라 하루 이만 보를 예사로 걷는다.

보려던 사슴과 말은 없고 빵 부스러기를 던지니 까치들이 떼를 지어 달려들고 다람쥐는 더 내놓으라는 듯 공격적으로 다가온다. 살다 살다 이런 다람쥐는 처음 본다. 사슴과 말은 동물원 쪽으로 들어가야 보인다. 여기는 무료, 그쪽은 유료.

트리니티대학교 안에 있는 《Kells의 서》를 보기 위해서 25유로라는 어마어마한 비용을 냈다. 〈해리 포터〉에 나온 도서관이라 해서 갔는데 너무 비싸서 좀 그렇다.

책은 앞의 몇 칸에만 있고 뒤쪽 서가는 비어 있다.

어쩐지 억울한 느낌.

GPO에서 아일랜드의 독립운동 시작을 여는 부활절 봉기 등이 전시되어 있는 것을 보니 우리나라와 동병상련의 느낌이 들었다.
오크넬 다리에서부터 쭉 걸어서 리피강변에 대기근 때 배를 타고 이민 가던 행렬을 표현한 조각상을 봤다. 영화 〈Far and away〉에서 나오는, 땅에 대한 그들의 절박함이 그냥 이해되었다.

숙소가 있는 휴 레인 갤러리 근처로 와서 우연히 추모 공원에 들르니 공원의 조각과 추모비 내용에 저절로 숙연해진다.

▶ 5월 16일 모허 절벽과 골웨이

새벽 6시 45분에 투어 버스를 타고 모허 절벽과 골웨이를 다녀왔다. 대중교통이 있을 텐데 우리는 잘 모르니 그냥 가이드 투어를 따라가는데 이번에도 영어 가이드라 반은 알아듣고 반은 통밥으로 따라다녔다. 버스 출발 시간과 출발 장소만 잘 들으면 나머지는 대세에 지장 없고, 보고 느끼는 건 내 몫이니 과히 나쁘지 않았다.

모허 절벽의 아름다움을 카메라로 담으려니 역광에다가 화각이 좁아 핸드폰으로는 역부족이다. 2시간의 자유 시간에 절벽 이편저편을 다 걸어 다니고 레스토랑에 들어갔다. 메뉴 사진을 보고 피시앤칩스와 치킨을 시켰는데 우리는 피시처럼 생긴, 튀긴 치킨을 받았다. 우리가 원한 닭 다리처럼 생긴 것은 '윙'이란다.

우리가 아무럼 닭 다리인지 윙인지 모를 수준은 아니다. 그런데 그렇게 엉뚱하게 되었다.

기대를 잔뜩 하고 간 골웨이는 정신없는 시장통을 다니는 듯하여 몹시 실망했는데 강가를 따라 한적한 길로 들어서니 그제야 골웨이의 은근한 매력이 보였다. 시인, 예술가들이 마치 친구를 만나러 다리를 건넜을 듯한 느낌이 저절로 들었다. 관광객들과 상점들로 북적북적한 골웨이 상가 길가에 오스카 와일드 조각상이 있다.

버스에 내려서 가이드와 헤어질 때, 동생과 옥신각신 다투느라 찾아오라는 약속 장소 주변을 제대로 기억 못 해서, 도둑들이 알리바바네 집 찾는 꼴이 되었다. 두 시간의 자유 시간 중에서 한 시간을 길 찾느라 아이스크림 하나 못 먹고 정신없이 이 골목 저 골목 헤집고 다녔다. 그러다 보니 골웨이 중심가 지도를 그릴 수준이 되었다. 하마터면 영락없이 국제 미아 될 뻔했다.

지각하지 않고 무사히 일행을 찾아간 것만으로도 천만다행이었다.

여행하는 동안 사소한 의견 충돌들이 쌓여서 어이없는 데서 일이 터진 거다. 어쨌거나 다 늙어서 싸운 벌을 톡톡히 받았다.

▶ 5월 17일 코크(Cork)

더블린을 떠나 코크로 왔다.

코크는 타이타닉호의 마지막 출항지라고 한다.

더블린 오크넬 다리 부근 Aston stop 329에서 코크행 버스 Air coach 704번을 타고 논스톱으로 3시간 만에 코크에 도착했다.

코크는 아일랜드 남쪽 해안 도시이다. 우리나라로 치면 부산쯤 되는 곳. 종점에서 내려 다리 하나 건너니 바로 예약한 레오나르도 호텔이 보인다. 호텔 예약을 자주 해서 그런지 이젠 위치 정하는 데 거의 귀신이다. 짐 풀고 잠시 쉬었다가 코크 대성당과 코크대학교 정원이 좋다고 해서 가 보기로 했다.

호텔에서 다리 건너 산언덕을 올라가다 보니 어쩐지 길이 이상해서 담벼락에 지도를 대고 돋보기까지 들이대며 길을 찾았다. 지나가는 중년의 남성 둘이서 "Can I help you?"라는 익숙한 질문을 한다. 프랑스어에 고생을 하다 보니 영어가 몹시 반가웠다. 우리는 반대편 언덕으로 올라간 것이었다. 가르쳐 준 길을 따라 20여 분 내려가니 대성당이 나왔지만 문 앞에서 선하게 생긴 부인이 못 들어간다고 막았다. Closed되었냐니까 Service 중이란다. 돌아 나오다가 내일 미사는 몇 시인지 물어보려고 다시 가니 자기네는 아일랜드 성당인데 예배에 참석해도 된다고 들여보내 줬다. 아일랜드식 예배는 가톨릭교회의 미사와 거의 유사한데 대부분을 노래로 진행했다. 콰이어에서 들려오는 아름다운 노래가 영화에 나오는 듯하였다. 예배가 끝나니 수사님들과 수녀님들이 콰이어에서 나오신다. 생각지도 못한 예배까지 마치고 신부님께 인사도 하고 나오니, 모든 것이 감사하다.

나오는 입구에서 신부님이 어디서 왔냐고 물으셔서 한국에서 왔다 하니 신부님이 한국을 공부하신다고 한다. 반갑기도 하고 우리나라의 위상이 많이 올라가서 어깨가 으쓱하고 기쁘다.

코크대학교는 제법 멀리 떨어져 있는데 저녁이 늦어서 그런지 사람들이 많지는 않았다. 교정에는 학생들의 싱그러운 웃음이 날리고 개를 데리고 저녁 산책 나온 주민들도 가끔 보인다.

평화로운 코크의 거리 곳곳에는 자유를 위해 애쓰던 애국선열들을 잊지 말자고 조각상이며 조형물들이 군데군데 서 있다.

어쩐지 우리나라를 보는 듯하여 가슴이 찡했다.

젊어서 세상을 떠난 독립투사의 조각상이 길가에 있다.

▶ 5월 18일 **코크 블라니성. Blaney castle & Gardens**

코크는 아일랜드 제2의 도시이고 독립운동의 출발지이며 남쪽 관문으로 유명한 항구여서 도시 규모도 매우 크고 인구나 관광객도 많은 곳이다. 오늘은 토요일이라 길거리 버스킹도 많았다.

날씨가 맑다고 하여 잉글리쉬 마켓이라는 시장에 들렀다가, 30분 정도 버스 타고 가는 블라니성에 가 보기로 하였다. 그 성은 정원이 아주 멋지다고 한다.

잉글리쉬 마켓은 신선한 해산물, 육류, 채소, 과일들을 팔고 이 층에서는 간단히 식사하는 사람들도 많아서 북적북적했다. 저절로 흥이 났다.

사과, 납작복숭아, 딸기를 샀는데 진짜 맛있었다. 아무래도 뉴질랜드나 스페인에서 온 것 같은 느낌이 든다.

잉글리쉬 마켓 근처 버스 정류장에서 215번 버스를 타고 20여 분을 가니 블라니성이다. 버스비는 1인 2.2유로, 착하기도 하여라.

가는 길에 나무와 초원, 예쁘게 손질된 마을들이 옹기종기 모여 있어 마치 드라이브하는 기분이 난다.

블라니성 입장료는 22유로, 시니어는 17유로다. 딱 봐도 나는 시니어로 보이는지 여권 확인도 없이 바로 시니어 표를 준다. 조금 섭섭하다.

블라니성은 정말 좋다.

넓은 땅에 자연스럽게 손질된 나무와 꽃들, 폐허가 된 성. 올라가면 주변 조망이 멋지다는 성 꼭대기에 Stone이 있다. 거기에 키스하면 달변가가 된다는데 우리는 한 시간 줄 서서 기다리느니 달변가 되기를 포기하고 정원 카페에서의 차와 스콘을 선택했다.

새소리, 바람, 흐린 하늘 모든 것이 좋았다.

코크 시내로 돌아와 저녁은 제대로 먹어 보자고 맛집을 검색해 찾아갔다. 아귀구이와 밥 그리고 베이컨과 양배추찜, 맥주와 화이트와인을 주문했는데 잘한 선택이었다.

베이컨과 양배추찜은 아일랜드 전통 요리라고 하는데 우리가 아는 베이컨이 아니라 두툼하게 썬 돼지고기를 튀기듯 바싹 구운 요리였다.

▶ 5월 19일 **다시 파리로**

일주일 동안의 아일랜드 여행을 마치고 에어프랑스를 타고 다시 파리로 간다.

코크 시내에서 코크 공항까지는 시내버스 차비 2.2유로 내고 20분 만에 간다. 공항은 자그마하고 면세점은 더 작다. 아일랜드 위스키를 살까 해서 Jameson이라는 브랜드의 초록 병의 가격을 확인해 봤다. EU 국가와 그 외 국가 가격이 다르다. EU 탈퇴한 영국은 그 외 국가, 파리는 EU 국가. 나처럼 파리 갔다가 한국 가는 사람은 EU 가격으로 적용하니까 할인을 10유로 정도 덜 해 준단다. 당연히 포기하고 세일하는 초콜릿만 샀다. 한국에 돌아와 생각하니 그냥 사 올 걸 그랬다. 아일랜드 대표 술인데…. 여행을 다니다 보면 별것 아닌 데서 쪼잔해질 때가 있다.

오늘 오전엔 코크 북쪽 언덕을 산책하면서 천천히 저 멀리 시내를 내려다봤다. 코크는 참 큰 도시이다. 점심도 먹고 적당히 시간도 보낼 겸, 우리가 묵는 호텔 레스토랑이 첫날 저녁에 갔을 때 요리를 잘하길래 거기로 갔다. 파스타랑 연어스테이크를 기네스맥주와 곁들여 먹기로 하고 자리에 앉았는데, 둘 다 런치 메뉴가 아니란다. 그래서 차선으로 시저샐러드와 스테이크를 시켰다. 시저샐러드는 내 솜씨가 더 낫고 스테이크는 고기가 빵에 끼워진 것이었다. 그러니까 스테이크 샌드위치가 나온 것이다. 기네스를 다시 마시고 편히 쉬다가 갈 수 있는 게 어디냐고 억지로 스스로를 위로하지만, 삶은 늘 예상 밖으로 흘러간다.

여행 2

5월 22-23일 안시(Annecy)

2011년에 동생과 딸이랑 안시에 처음 왔을 때는 인적이 드물고 차분한 마을이었는데 지금은 어디나 관광객이 넘쳐난다. 사람들로 북적북적하니 활기찬 맛도 있지만, 동네가 관광객으로 넘쳐 나서 과잉 흥분 상태다. 한국 사람들도 벌써 몇 팀이나 만났다. 구시가지를 휘감아 도는 개천가를 따라 걷고 안시 대성당, 안시성, 골목들, 바다처럼 넓은 안시 호수에서 배를 타고 한 시간을 돌았다.

호수 한쪽을 병풍처럼 두른 알프스가 있어, 이 동네는 프랑스보단 오히려 스위스 느낌이 났다. 안시성을 지나 더 언덕으로 올라가 바실리카(de la Visitation)까지 가니, 한적하고 다른 모습의 안시가 있다. 날씨도 화창하고 공기 청정한 아름다운 마을. 하루에도 몇 번씩 맑은 하늘에서 소나기가 후드득 내린다. 그곳을 오랜만에 다시 왔다. 이번엔 친구와 같이 오니 여행의 콘텐츠도 달라졌다. 여하튼 젊고 씩씩해진 안시를 보고 간다.

• 생말로

▶ 5월 24-25일 **생말로(Saint Malo)**

친구와 안시 여행을 하루 줄이고, 동생까지 셋이서 생말로를 1박 2일로 다녀오기로 했다. 친구가 그동안 동생이 수고한 것에 대한 고마움으로 하루를 편히 자도록 싱글 룸을 예약해 주었다. 나랑은 안시 취소하고 왔으니 그 비용으로 트윈룸에서 같이 지내기로 하면서 호텔 숙박을 계산했다. 생말로 호텔방 2개 가격이 안시 1실과 비슷하여 그나마 마음이 편했다. 서로서로 편의를 봐주고 친절히 대하니, 같은 돈이 들어도 정이 남는다. 나는 생말로에 대해 아는 것이 하나도 없었는데 프랑스 지도를 들여다볼 일이 많다 보니 생말로는 노르망디 지방의 마침표이자 대서양을 향한 선봉장처럼 보였다. 그리고 노르망디 상륙 작전과도 엮인 사연이 있어 보여서 가 볼 마음이 생겼다. 동생은 전부터 가고 싶어 했고, 친구는 지난 노르망디 패키지 여행할 때 해가 진 후에 들어갔다 이른 아침에 나오느라 제대로 돌아보지 못한 미진함이 많이 남아 있어 가고 싶어 했다.

안시에서 돌아온 바로 다음 날, 몽파르나스역에서 아침 7시 기차를 탔다. 생말로로 가는 기차 안에서 생말로 지역을 검색해 봤다. Grand Be라는 섬에 샤토브리앙이라는 시인의 무덤이 있는데 그 섬은 썰물이 되면 육지와 연결된단다. 샤토브리앙에 대해서는 아는 바가 없지만, 썰물에는 육지가 되었다가 밀물에는 섬이 된다니 호기심이 동하여 시간을 잘 맞추어 꼭 가야겠다고 눈에 불을 켜기 시작했다.

구글 지도를 들여다보며 고심하는데 옆자리 앉은 노신사가 생말로에 가느냐고 물어서 그렇다고 했다. 그곳은 두 시간만 있으면 다 돌아볼 수 있는 조그만 지역이니 그 옆 디나흐(Dinard)라는 동네를 가 보라며, 혹시 생각이 있으면 자기 차로 태워 주겠다고 한다. 몹시 고맙기는 하지만 일행과 같이 가니 의논해 보겠다고 사양하고는 디나흐를 찾아보았다. 버스나 배로 가도 쉽게 가는 곳이었다.

호텔에 짐을 맡기고 디나흐에 가서 점심 먹고 돌아오면 썰물이 될 시간이라 그랑베섬도 갈 수 있겠다고 판단했다. 호텔에 짐을 맡기고 생말로의 유명한 성곽길을 걸었다. 그리고 서둘러 배 타는 곳 Ferry로 가서 Dinard-Saint malo 왕복표를 사서 배에 탔다.

감동이다.

대서양에서 배를 타다니!

디나흐는 생말로에서 바로 바다 건너편 동네여서 20분 정도 배를 타고 가면 된다. 시간과 비용의 가성비가 매우 뛰어났다. 상냥하고 유쾌한 처녀 사공의 활기로 즐겁게 배를 타고, 디나흐에서 내려 동네를 구경하며 점심 먹고 놀았다. 3시에 다시 그 배로 생말로에 도착하니 세상에나! 바닷길이 열렸다!

사람들이 걸어서 그랑베 섬으로 들어가고 있었다. 그랑베 섬 정상을 넘어서 대서양을 바라보는 위치에 샤토브리앙의 묘소가 있고 "바람과 바다를 느끼도록 그랑베에 묻어 달라."라는 시적인 표현이 돌에 새겨져 있었다. 과연 시인의 무덤답다.

옛날에 생말로는 해적들의 도시였단다.

그리고 교역의 중심지로 발전하면서 풍요로운 부를 누렸으나 2차 대전 중에 80프로가 파괴되었단다. 그것을 생말로 사람들은 파편을 주워 거의 복원했고 아직도 옛 모습대로 복원하는 중이란다. 부서진 옛 도시를 새로 재건하면서 건물 형태나 재료에 이르기까지 아주 섬세하게 복원하여 얼핏 봐서는 마치 예전 모습이 아무런 문제 없이 그대로 잘 보존된 것처럼 보였다.

그랑베섬을 나올 때 맨발로 걸으며 대서양에 발을 담갔다.

그러고는 항구에서 길게 뻗은 방파제 같은 길 끝자락, 등대 앞에서 해가 지기를 기다렸다. 아무것도 없이 탁 트인 서쪽 바다의 일몰은 얼마나 대단한 것일까?

저녁 10시가 거의 다 되어서야 그랑베 섬 저 너머로 찬란한 일몰을 보며 생말로에 오기를 참 잘했다고 입을 모았다.

사실 일몰만 논하자면 서해안 안면도의 일몰도 더할 나위 없이 장관이지만 유라시아 대륙의 서쪽 끝에서 보는 일몰이라 생각하니 감동이 특별났다.

오늘 아침도 안시에서처럼 다른 이들이 자거나 아침 식사를 하는 시간인 8시 직전에 거리로 나갔다. 한적한 동네를 천천히 돌아보고 바게트와 커피를 사 들고 오니 프랑스 감성이 그냥 들어온다.

11시에 체크아웃하고 나갔더니 생말로 거리는 관광객들로 붐볐다. 이곳 생말로는 프랑스 사람들도 오고 싶어 하는 휴양지라고 한다.

해산물 요리가 맛있고 사람들은 유쾌하고 친절한 멋진 도시이다. 우리는 이구동성으로 외쳤다.

Saint malo는 다시 한번 더 가고 싶은 곳!

생말로 　　　　　　　　　　디나흐 해변가에 있는
　　　　　　　　　　　　　히치콕 감독 동상

디나흐

- 샤르트르

▶ 5월 26일 **샤르트르(Chartre)**

우리는 샤르트르라 하고 여기 사람들은 샤흐트흐라 발음하는 이곳은 노트르담 대성당이 유명한 곳이다.

엊저녁에 생말로에서 돌아왔기에 오늘은 느긋하게 오전 11시 6분에 TER을 타고 샤르트르로 갔다.

대성당만 보고 오자고 하면서. 김밥 도시락을 싸고 몽파르나스역 이탈리아 카페에서 카페 알롱제 하나씩 들고 기차에 올랐다. TER은 자유석이라서 가격도 싸고 좌석 예약료가 없는 반면 일찍 가서 자리 잡지 않으면 빈자리 아무 데나 앉아야 한다. 일행과 떨어지기도 하고.

물론 일등석도 있어 일등석으로 끊으면 쾌적한 자리도 있지만 TER을 굳이 일등석까지 할 필요가 있을까 싶어 가격 싼 자유석을 샀다. 우리는 30분 전부터 기다린 덕분에 좋은 자리에 앉아서 1시간 만에 샤르트르역에 도착했다! 곧장 대성당을 향하여 직진. 10분 정도 걸어 대성당에 입장했다. 입장료 없음! 콰이어 뒤편으로 성모님의 일생이 조각되어 있고, 옆면에는 성모님이 아기 예수를 안고 있는 조각상이 있다. 조각상 아래 사람들이 자기 아기를 데려와 아기에게 축복을 기원하기도 하고 또는 자녀들을 행복을 빌면서 초를 켜고 있다. 나도 예외가 아니다. 성당의 스테인드 글라스도 대단히 훌륭하다. 지금 생각하니 성당 성물 가게에서 스테인드 글라스 모빌을 하나 사 올 걸.

노트르담 대성당을 돌아보고 성당 앞에서 출발하는 쁘띠트랑을 타니 구시가지 구석구석 이쁜 데를 다 다니며 설명해 준다. 프랑스어로. 쁘띠트랑에서 내린 후 개천가를 따라 눈여겨 둔 곳들을 걸었다. 다시 한번 가기를 기원하게 되는 아름다운 도시이다.

• 아미엥

▶ 5월 27일 **아미엥(Amiens) 대성당**

오늘 가는 아미엥을 마지막으로 파리 시외로 나가는 일정을 마무리하기로 했다.

아미엥 노트르담은 파리, 샤르트르 노트르담과 더불어 프랑스 삼 대 노트르담이라고 한단다. 그중에서도 아미엥 대성당이 최고라는 말이 있다는데 나도 동감한다.

샤르트르는 스테인드글라스가 정말 아름답고, 파리는 외관의 섬세함이 대단하지만 아미엥은 실내 조각들이 어마어마하다.

원래는 스테인드글라스도 대단하여 독일군의 폭격에 대비해서 몽땅 떼어 내어 다른 장소로 옮겨 두었는데 대성당은 폭격을 피하고 오히려 스테인드글라스 피난 장소가 폭격을 맞아 다 부서졌단다.

아미엥은 대성당과 SF 작가 쥘 베른의 집이 유명하여 그 두 곳을 둘러보고 파리로 일찍 돌아왔다.

비가 내리고 춥고 바람 불고. 아미엥의 옛날은 전쟁의 폐해를 입어 도시의 전반적인 느낌이 프랑스답지 않고 어느 신도시에 온 듯하다.

대성당에는 마음이 염원으로 가득한 사람들이 오는지, 엎드려 기도하는 이, 울면서 기도하는 이, 아기를 올려 두고 기도하는 이 등등의 사람들이 많았다.

기도하는 모습들이 몹시 간절하였다. 나도 절실한 마음을 담아 한 사람 한 사람 각각의 이름을 되뇌며 기도를 드렸다.

저 여인의 손에 들린 머리가 이 조각의 의미를 말해 준다.

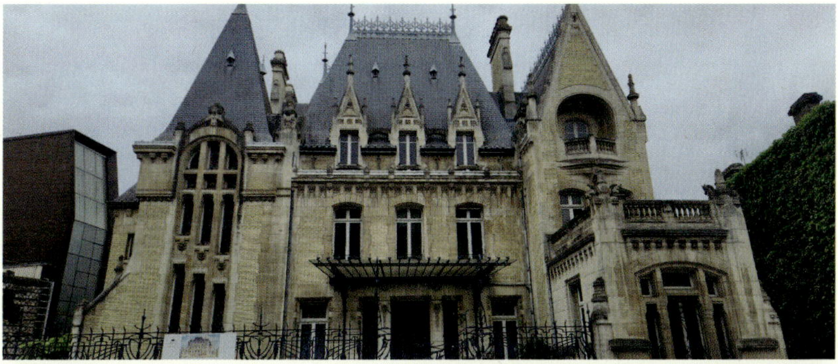

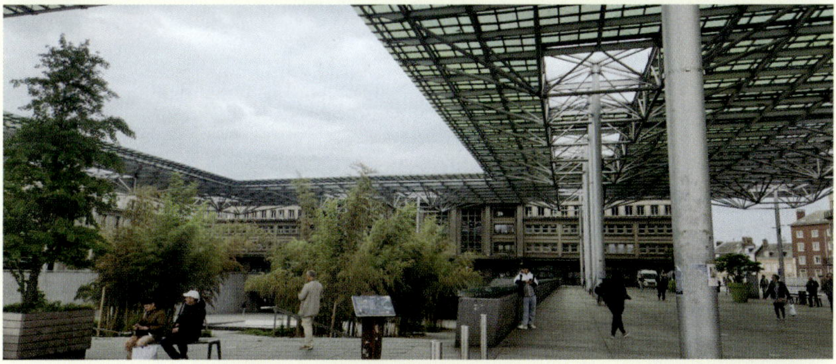

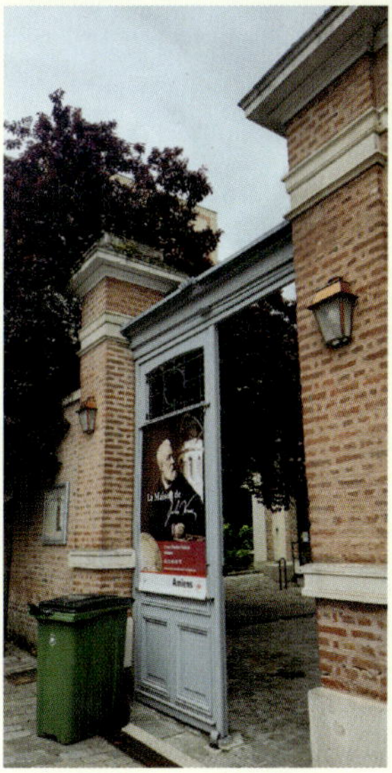

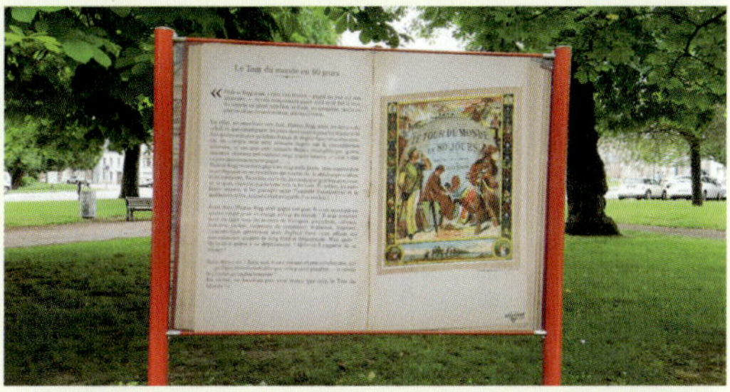

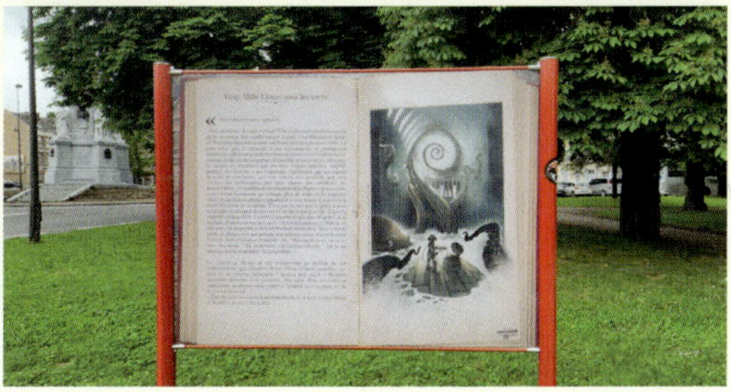

쥘 베른의 집과 《80일간의 세계 일주》와 《해저 2만 리》 책 설명

▶ 5월 28일 파리에서 마지막 밤

석 달간의 긴 여정이 어느덧 마지막 날 저녁을 마주한다.

춥고 바람 불던 파리의 삼월을 견디면 곧 봄이 오겠지, 희망을 가졌었는데 파리는 늘 봄이면서도 봄이 아니었다.

오늘 저녁에도 패딩을 입고 나가니 오히려 적당했다. 태양이 빛나는 푸른 하늘 아래에서도 후드득 소나기가 쏟아지기도 하고.

이제 겨우 이해하는가 했더니 헤어질 시간이다.

집 청소, 짐 정리하느라 어제와 오늘 부산하게 움직이며 30리터 쓰레기 봉투를 4개나 채웠다. 혹시나 쓰려나 아끼고 아끼던 물품들도 버리고 책도 버리고 헌 옷도 버렸다. 아쉬워도 마구 버렸다.

우리가 죽을 때는 버릴 여유도 없이 모두 두고 가겠지.

어제 모노프리에서 마지막 장을 봐서 오늘 저녁은 그럴싸한 연어스테이크와 알리오올리오 파스타를 Leffe 맥주와 함께 먹었다. 그러고는 저녁 산책을 나가 지하철로 Bir-Hakeim 다리를 건넜다. 16구 Passy역에서 내려 발자크의 집을 돌아보면서 덤으로 16구 부자 동네의 멋진 집들을 보고 왔다.

발자크의 집은 길보다 위치가 낮아서 대문을 열면 계단으로 내려가야 했다. Bir-Hakeim 다리 위에 전철 선로가 높이 있고 아래에는 사람들과 차량이 지나다녔다. 다리에 이쁜 전등을 달아 밤이 되면 운치가 있다. 어느 것 하나 소홀함이 없다. 그리고 곳곳에 애국선열들을 기리는 조형물이 있다. 자유가 넘쳐 방종에 가까운 듯 보여도 자유, 평등, 박애의 혁명 정신과 애국선열들에 대한 존경은 마음에 새기고 있는 것 같다. 프랑스와 영국은 전국 각지에 세계 대전 관련 기념비들이 있어 독일에게 받은 상처를 끊임없이 상기시키니, 독일이 사과하지 않을 수 없어 보인다.

몇 번이나 사진 찍은 에펠탑을 또 찍으며 집으로 걸어왔다.
시간은 10시인데도 밖은 환하다.
세월이 더 지나면 오늘이 그리워지겠지.

지금은 집에 가고 싶다.

마치면서

▶ **5월 30일 파리 삼 개월 살아 보기를 마치며**

쥘 베른이 80일간 세계 일주에서 얻었던 하루를 나는 인천공항에 도착하면서 잃어버려 5월 29일이 5월 30일로 되어 버렸다.

춥고, 바람 불고, 비 내리는 유럽의 봄은 우리가 여름휴가 가서 보던 화창한 날씨와는 거리가 멀었고, 좁은 집에서 부족한 살림살이를 하려니 하루에도 몇 번씩 나는 왜 이러고 사나 반문했다. 그러나 삶의 허무를 견디고, 남은 길이 바쁜 인생의 석양 아래 서 있는 지금, 더 숙고할 여유조차 없다. 무엇이든, 마음이 가는 것은 다 해 보는 거다.

역시 집이 좋아! 이 말을 하려고 먼 길을 돌아오나 보다.
여주 집에 오니 정원에 장미가 한창이다. 무사히 돌아와서 다행이고 그 사이 별일 없음에 감사하고, 다 좋다. 잘했다.

내일 아침엔 내일 떠오르는 태양을 기대해 보자.
세 피니! C'est fini.